Código De Ley Canónica

Canon 66 "La economía cristiana, por tanto, ya que es la Alianza nueva y definitiva, nunca pasará; y ninguna nueva revelación pública se espera antes de la manifestación de nuestro Señor Jesucristo". Aún, aunque la Revelación esté acabada, no ha sido completamente explicitada; corresponderá a la fe cristiana comprender gradualmente todo su contenido en el curso de los siglos.

Canon 67 A través de los siglos, ha habido revelaciones llamadas "privadas", algunas de las cuales han sido reconocidas por la autoridad de la Iglesia. Ellas no corresponden, sin embargo, al depósito de la fe. No es su rol mejorar o completar la Revelación definitiva de Cristo, sino para ayudar a vivirla más plenamente en una cierta época de la historia. Guiada por el Magisterio de la Iglesia, el sensus fidelium sabe discernir y acoger lo que en estas revelaciones constituye una llamada auténtica de Cristo o de sus santos a la Iglesia.

La fe cristiana no puede aceptar "revelaciones" que pretenden superar o corregir la Revelación de la que Cristo es el cumplimiento, como es el caso de ciertas religiones no cristianas y también de ciertas sectas recientes basadas en tales "revelaciones".

La Llena de Gracia:
Los Primeros Años
El Mérito
Pasión de Joseph
El Ángel Azul
La infancia de Jesús

Seguidme:
El Tesoro con Siete Nombres
Dónde hay Aspinas, también habrá Rosas
Por el Amor que Persevera
El Colegio Apostólico
El Decálogo

Las crónicas de Jesús y Judas Iscariote:
Te Veo como Eres
Aquellos quienes están Marcados
Jesús Llora

Lázaro:
Que Bella Rubia
Las Flores Del Bien

Claudia Procula:
¿Amas al Nazareno?
El Capricho de la Moral de la Corte

Principios Cristianos:
En la Reencarnación

María de Magdala
Ah! Mi Amada! ¡Al Fin Te Alcancé!

Lamb Books
Adaptaciones ilustradas para toda la familia

LAMBBOOKS

Publicado por Lamb Books, 2 Dalkeith Court, 45 Vincent Street, London SW1P
4HH;

Reino Unido, EE.UU. FR, IT, ES, PT, DE

www.lambbooks.org

Publicado por primera vez por Lamb Books 2013

Esta edición

001

Texto copyright @ Lamb Books Nominado, 2013

Ilustraciones autor @ Lamb Books, 2013

El derecho moral del autor e ilustrador ha afirmado

Reservados todos los derechos

El autor y editor Agradecemos al Centro Editoriale Valtoriano en Italia para el
permiso para citar el Poema del Hombre-Dios por María Valtorta, por Valtorta
Publishing

Situado en Boookman Old Style R

Impreso en el Reino Unido por CPI Group (UK) Ltd, Croydon, CR0, 4YY

Seguidme

Donde Hay **Espinas**,
&Ambién Habrá **Rosas**

LAMBBOOKS

Agradecimientos

El material de este libro es una adaptación del El Poema Del Hombre Dios (El Evangelio Según Lo Revelado A Mí) de Maria Valtorta, aprobado por primera vez por el Papa Pío XII en 1948, cuando en una reunión el 26 de Febrero de 1948, presenciado por otros tres sacerdotes, ordenó a los tres sacerdotes presentes "Publicar este trabajo, tal como es".

En 1994, el Vaticano hizo caso a las llamadas de los cristianos en todo el mundo y han comenzado a examinar el caso de la Canonización de Maria Valtorta (Pequeño Juan).

El Poema Del Hombre Dios fue descrito por el confe sor de Pío "como edificante". Las revelaciones místicas han sido durante mucho tiempo jurisdicción de los sacerdotes y los religiosos. Ahora, están al alcance de todos. Que todos los que lean esta adaptación, también lo encuentren edificante. A través de este punto de vista, la fé puede ser renovada.

Gracias especiales al Centro Editoriale Valtortiano en Italia por su autorización para citar el Poema del Hombre Dios por María Valtorta, llamada también Pequeño Juan.

Totemaide Bet Karen Coradim Bethsaida 50
Magdar Tabga 58 Capernaum 49
Kabulo Iftael Jotapata Maghar
Tamra Cana Cerghesa
Sicaminon Kaukab
Antichi Ruderi Sicaminon Porto di Ippo Ippo
Monte delle Gamala Afec
Beatitudini Gergesa
Sefori Tiberiade Triplice professione
d'amore di Pietro
Cana 52 Ser nabris Tarichea
Betlemme Bosco di Matana Hammatha
Semeron Nazareth Prima Cusa
Meraba 57 44 Debaret 588 moltiplicazione Gadara
Jafia Caslot M.Tabor dei pani
Muraqa Tabor
Doras Giovana Endor Magedia Galgala?
Ismael ben Fabi 515
Magedda Sunam Piccolo Hermon
Dora Jezrael Pianura di Jezreel D
Gamala, Betscan/Scitopolis Jaio, figliolo ciecu
vignaiolo Pella
Sintica
rea Marittima
Engannim Jabes Galaad
Jabes
Dotaino
Teli En in
rotta
M.Ebal Sicar Penuel
Sichem Ponto di Betjabboc
M.Garizim Anastatica
Acrabai Gal
Afec / Anti- Alexandreia/Saraqheta
patris
Lebona Shilo
10 Lebbrosi
Rentis Phasaelis
Bettegonia Tamna Silo Pietra
Podere di Ganas militare Hazor
Lidda Birzeit Efraim
Podere di Gamala Gofena
Giuseppe d'Arim. Emmaus Bete 56
Modin montana Valle di Acor Salomon
Bervi Nimra Bethany beyond the Jordan
Beteron sup. Deco M.d.Quarantena Jordan 47
Atarot Raia M.Carit Ford 45
Gabaon Gerico Betagla Betabara
Rubeibe Gioa M.Ardumin Sabea di
Jabbe Beulech
53 54 53 Olivelo Rock of E
Jerusalem Betania Temptation 46
Gethsemane Ein Karem
Jala Tomba di Rachele
Betlemme
into Campo dei M.N
Galilei
Tecoa Herodium
Deserto di Giuda
Betsur Callirhoe
Macheronta

Contenido

Jesús En La Boda De Canaán

El lugar de encuentro de la boda es una larga casa
blanca baja a las afueras de Canaán, situada en el centro
de un espacio abierto de césped con algunas higueras
y manzanos y un pozo en el centro. Es propiedad de
los agricultores que viven en el medio de su posesión y
rodeada de verdor y de calma se extiende mucho más
allá. La casa da a la calle, pero está un poco lejos lo que
parece ser un camino principal que está unido por otro
camino que discurre por el suelo cubierto de hierba.

En la planta baja de la casa, un par de puertas bajas, no
más de dos de cada lado, se abren hacia cuartos oscuros
más bajos donde vive la familia realmente, donde tienen
su depósito y bodega.

Una escalera exterior a lo largo de la parte frontal sube
hasta la puerta de la primera planta, situada a mitad de
camino hasta la fachada y conduce a un salón utilizado
para ocasiones especiales como fiestas o para tareas
que requieren un gran cantidad de espacio como secado
y prensado de productos alimenticios. Hay algunas
ventanas y puertas, y un techo en terraza rodeado por

una pared baja de alrededor de un metro de altura. Una pérgola de vid que da sombra llega hasta la terraza soleada, extiendiendo sus ramas sobre más de la mitad de ésta. Todavía no son las nueve de la mañana en primavera. El maíz en los campos es aún joven y verde y sin orejas. Las praderas están cubiertas de hierba y el rocío sobre la misma hace que el campo se vea más verde. Las hojas de la higuera y del manzano son verdes y tiernas como son lo son las de las vides. Pero no hay flores ni frutas en el manzano, la higuera, ni en las vides, el manzano ha derramado recientemente sus flores y su poca fruta aún no es visible. Es un día brillante y soleado; el aire está todavía libre de polvo y el cielo está completamente azul. Hay calma completa y sin movimiento o sonido. Y luego dos mujeres en vestidos largos y usando mantos que cubren también sus cabezas como velos, emergen en la carretera principal y luego doblan en el camino que conduce a la casa. La más vieja de las dos mujeres, de unos cincuenta años de edad, lleva un vestido oscuro de lana en bruto de un color marrón grisáceo.

La mujer más joven está vestida con un traje de color amarillo pálido y un manto azul, parece de 35 años de edad, sorprendentemente hermosa y esbelta y Ella camina con mucha dignidad perfumada con mucha amabilidad y humildad. A medida que se acerca, con la cara pálida, los ojos azules y el pelo rubio visible en Su frente se identifica como nuestra Señora Más Santa pero la mujer de mayor edad sigue siendo desconocida.

Las dos mujeres están conversando y María está sonriendo. Cuando están más cerca de casa, alguien que, obviamente, ha estado observando su llegada, les informa a los otros en la casa y dos hombres y dos mujeres, todos con sus mejores ropas, salen a su encuentro y les dan a las invitadas la más cordial bienvenida.

María, Quien es ya sea un familiar o una amiga cercana de la familia del novio y por lo tanto, en términos familiares con ellos, recibe la más cálida bienvenida y luego es escoltada por un hombre mayor, el propietario, por la escalera exterior y en una gran sala que parece ocupar la mayor parte, si no todo el espacio de arriba.

Se ha limpiado todos los objetos y luego decorados con ramas, esteras y mesas con platos ricos. Hay dos mesas a disposición de los huéspedes; una en el centro y otra a lo largo de la pared de la derecha. La mesa en el centro está ricamente puesta, con ánforas y platos llenos de fruta. La otra a lo largo de la pared de la derecha no está preparada tan suntuosamente como la mesa en el centro. También hay un largo aparador contra la pared de la izquierda donde se colocan los platos de queso, tortas cubiertas de miel y dulces, mientras que en el suelo, debajo de la cómoda, hay más ánforas y también seis grandes jarrones en forma de jarras de cobre.

María, escucha con benevolencia lo que ellos le dicen de Ella y luego se quita el manto y amablemente ayuda a poner las mesas; acomodando los asientos cama, enderezándo las coronas de flores, mejorando la apariencia de los platos de fruta, asegurándose de que las lámparas estén llenas de aceite, a la vez que sonríe, habla muy poco y cuando lo hace, en una voz muy baja. Pero Ella escucha mucho y con mucha paciencia.

Un fuerte sonido de instrumentos musicales no muy

armonioso flota al vestíbulo desde la calle y a excepción de María, todos se apresuran, liderados por el novio, para dar la bienvenida a la novia, que entra, caminando a su lado, elegantemente vestida y feliz y rodeada de amigos y familiares.
Mientras tanto, Jesús, con una túnica blanca y un manto azul oscuro, ha llegado a la aldea junto con Juan y Judas Tadeo. Cuando Judas oye el sonido de los instrumentos, le pregunta a un hombre cercano y luego habla con Jesús, Quien sonríe y dice: "Vamos y hagamos feliz a Mi Madre".

Y comienzan a caminar por el campo hacia la casa. La llegada de Jesús es observada por el mismo vigilante como antes, que luego informa a los demás. El propietario, con su hijo, el esposo y María, todos van a su encuentro y Lo saludan con respeto y también a sus compañeros.

La manera amorosa y respetuosa en la que Jesús y María se saludan es particularmente conmovedora ; no hay efusión e intercambian las palabras "La paz esté Contigo", cada uno con una mirada y una sonrisa que vale más que cien abrazos y cien besos. Un beso tiembla en labios de María, pero no se Lo da. En su lugar, Ella pone Su mano blanca en el hombro de Jesús y toca ligeramente un rizo de Su largo pelo; la caricia de una amante casta.
Luego, caminando junto a Su Madre, Jesús sube la escalera, seguido de Sus discípulos, el propietario y luego el novio. Al entrar en la sala, las mujeres comienzan a trajinar alrededor, añadiendo asientos y platos a la mesa en el centro para los tres invitados inesperados; la venida de Jesús ha sido incierta y la de Sus compañeros totalmente imprevista.
"Que la paz sea en esta casa y la bendición de Dios sobre todos vosotros», dice Jesús con su voz viril, distinta

dulce, cuando entra en la majestuosa sala, dominando a todos los presentes con su porte y su altura. Aunque un invitado ocasional, Él parece más el rey del banquete que el novio o el propietario, sin importar cuán humilde y servicial Él es. Los dos discípulos también son invitados a sentarse en la misma mesa, por respeto a Jesús.

Jesús toma Su lugar en la mesa al lado del Propietario, sentado justo enfrente de María, Quien es acomodada por la novia. Las madres de la joven pareja también están sentadas en esta mesa, pero todas las otras mujeres están sentadas en la otra mesa junto a la pared de la derecha, donde están haciendo un gran estruendo de un centenar de personas.

Jesús se sienta de espaldas a la pared donde están el vestidor y las grandes tinajas por lo que Él no pueda verlas. Tampoco puede ver al mayordomo animado sobre los platos de carne asada, que son traídos por los invitados a través de una puerta por el vestidor. La joven pareja y los invitados de importancia se sirven primero y luego seguido por la mesa de la derecha.

El banquete comienza y a los invitados no les falta apetito ni sed a excepción de Jesús y de Su Madre, que comen y beben poco. María habla muy poco. Jesús habla un poco más, pero aunque muy moderado, Él no es ni hosco ni desdeñoso en lo poco que dice. Él es amable, pero no hablador; Él responde cuando es interrogado, responde cuando se le habla, se interesa en el tema y afirma Su opinión, pero entonces Él se concentra en Sus pensamientos como quien está acostumbrado a la meditación. Él sonríe, pero nunca se ríe y si Él escucha una broma desconsiderada, finge que no ha escuchado. María se nutre de la contemplación de Su Jesús, al igual que Juan, que está en el extremo de la mesa y se cuelga de los labios de Su Maestro.

María advierte que los sirvientes están hablando en voz baja con el mayordomo, que se ve muy avergonzado y Ella entiende lo que causa la situación desagradable. 'Hijo', Ella susurra en voz baja, atrayendo así la atención de Jesús.

"Hijo, no tienen más vino".

"Mujer, ¿qué hay todavía entre Tú y Yo?', dice Jesús, que le sonríe aún más suavemente, y María le devuelve la sonrisa, como dos personas que conocen algo de verdad, que es su gozoso secreto, pero es ignorado por todos los demás.

En esa sonrisa, Jesús le dice a Su Madre, sin palabras: "Antes yo era Tuyo, sólo Tuyo. Tú Me diste órdenes, y Te obedecí. Yo estaba sujeto a Ti. Ahora pertenezco a Mi misión. . . "

Y en esa sola palabra "todavía" Él dice: «Tú eras todo para Mi, Madre, siempre y cuando yo sólo era Jesús de María de Nazaret, y Tú eres todo en Mi espíritu; pero desde que me convertí en el Mesías esperado, yo pertenezco a Mi Padre. Espera y una vez que Mi misión haya terminado, seré, una vez más, del todo Tuyo; Tú Me abrigarás nuevamente Tus brazos, como cuando era un niño pequeño, y nadie nunca más luchará Contigo por Tu Hijo, considerado como la desgracia de la humanidad, que arrojará sus restos mortales a Ti, para traer sobre Ti la vergüenza de ser la madre de un criminal. Y después, Me tendrás de nuevo, triunfante, y finalmente Me tendrás para siempre cuando Tú entres triunfante en el cielo. Pero ahora pertenezco a todos estos hombres. Y pertenezco al Padre, que Me envió a ellos. "

"Hagan lo que Él les diga", María dice a los sirvientes. A los ojos sonrientes de Su Hijo, María ha leído Su consentimiento, velada por la gran enseñanza a todos aquellos "que son llamados".

"Llenad las tinajas de agua", dice Jesús a los sirvientes.

Los sirivientes van hacia el pozo, las poleas chillan mientras el balde que gotea baja, subiéndolo y bajándolo de nuevo y los frascos se llenan con agua traída desde el pozo.

El camarero vierte un poco del líquido con los ojos asombrados, luego lo prueba con gestos aún de mayor asombro, lo saborea y luego habla con el propietario y el novio.

María mira a Su Hijo, una vez más, y sonríe; luego de haber recibido una sonrisa de Él, Ella inclina Su cabeza, ruborizándose ligeramente. Ella está feliz.

Un murmullo se extiende por todo el salón, todos vuelven sus cabezas hacia Jesús y María, algunos de pie para tener una mejor vista, algunos van cerca de los frascos. Luego de un breve silencio, se rompe de inmediato por una explosión de alabanzas a Jesús.

Él se levanta y simplemente dice: 'Gracias María "y se retira del banquete. Sus discípulos le siguen. En el umbral Él repite: 'Que la paz sea en esta casa y la bendición de Dios sobre vosotros" y agrega: "Adiós Madre".

Jesús Expulsa A Los Mercaderes Fuera Del Templo

Jesús entra en el complejo del Templo acompañado de Sus seis discípulos; Pedro, Andrés, Juan, Santiago, Felipe, Bartolomé, donde ya hay una gran multitud reunida en el interior, y también fuera del complejo del Templo. De hecho, mirando hacia abajo desde la parte superior de la colina sobre la que se levanta el Templo, las estrechas callejuelas de Jerusalén son un hervidero de peregrinos que llegan en bandadas de todas partes de la ciudad, por lo que las calles parecen una cinta multicolor que se mueve entre el blanco de las casas y toda la ciudad se transforma completamente en un juguete raro hecho de cintas de colores alegres que convergen hacia las cúpulas brillantes de la Casa del Señor.

Pero dentro del complejo, es.... un mercado real. La serenidad del lugar santo ha sido destruido por la gente corriendo, algunos llamando, algunas transacciones por los corderos, gritando y maldiciendo a causa de los precios exorbitantes, animales balando mientras se los guía hacia recintos con divisiones rústicas hechas de cuerdas y clavijas levantadas por los comerciantes quienes están de pie en la entrada para negociar con los compradores.

Hay golpes con garrotes, balidos, maldiciones, gritos, insultos a criados que no son rápidos en la recolección o la selección de los animales, abusos a los compradores que regatean sobre los precios o que se apartan de una compra e insultos más graves aún a los que sabiamente trajeron sus propios corderos.

Hay más que gritos por los cambistas de dinero, donde el tipo de cambio legal ha sido casualmente ignorado y en su lugar, sin que exista ningún tipo de interés fijo, los cambistas ahora convertidos en usureros, imponen tasas exorbitantes para subir sus ganancias como ellos se imaginan y ¡no bromean en sus transacciones! Cuanto más pobre es la gente o desde más lejos vienen, más empobrecida: los viejos más que los jóvenes y aquellos más allá de Palestina, incluso más que los viejos.

Y está claro que esta es siempre la costumbre, al menos en el momento de la Pascua; que el Templo se convierte en... una bolsa de valores o en un mercado negro.

Un pobre viejo, uno de tantos, se ve con tristeza otra vez y otra vez en el dinero que ha ahorrado en todo un año con mucho trabajo duro. Lo saca y lo pone de nuevo en su bolsa docenas y docenas de veces, yendo de un cambiador de dinero a otro y, a veces, al final, volviendo al primero, que después se venga de su deserción original, elevando su comisión. Y las grandes monedas pasan con pesar de las garras de su dueño con suspiros a manos prensiles de los tiburones que las transforman en monedas más pequeñas.

Y entonces el pobre viejo se mueve a otra tragedia con los comerciantes de corderos sobre la elección y el pago de los corderos. Y si, como sucede una y otra vez, el pobre viejo siendo medio ciego también es timado con los más miserables buscando por un corderito.

Una pareja de ancianos - hombre y esposa - traen de vuelta a un pequeño cordero pobre, que ha sido rechazado por los que realizan los sacrificios como defectuoso. La vieja pareja llora y suplica a los mercaderes de corderos, que, lejos de ser conmovidos, responden con ira con palabras crudas y modales más crudos:

'Considerando lo que vosotros queréis gastar, Galileos, el cordero que os di es aún demasiado bueno. ¡Fuera! O si vosotros queréis uno mejor, debéis pagar cinco monedas más'.

'¡En el nombre de Dios! ¡Somos pobres y mayores! ¿Usted va a impedirnos celebrar esta Pascua que puede ser nuestra última? ¿No estás satisfecho con lo que quería para un pobre corderito? '

'Fuera, inmundos. José el Viejo está llegando aquí. Disfruto su favor. ¡Que Dios esté contigo, José! ¡Ven y haz tu selección! '

José el Viejo, también conocido como José de Arimatea, pasa, señorial y orgulloso, magníficamente vestido, sin ni siquiera una mirada a los pobres ancianos que lloraban a la entrada del recinto. Él entra en el recinto, recoge un magnífico cordero y casi golpea a la pareja de ancianos cuando sale con su gordo cordero balando.

Jesús, que ahora está cerca, también ha hecho su compra, y Pedro, que regateó para Él, tira de un buen cordero. A Pedro le gustaría ir de una vez donde se ofrecen los sacrificios, pero Jesús se dirige a la derecha, hacia la pareja de ancianos consternada, llorando, indecisos, quienes están golpeados por las multitudes e insultados por el vendedor.

Jesús, Quién es tan alto que la cabeza de los pobres

almas viejas llegan sólo hasta Su corazón, pone una mano sobre el hombro de la mujer y le pregunta: '¿Por qué lloras mujer?'

La viejita se da la vuelta y ve al joven hombre alto, majestuoso, en una nueva y hermosa túnica blanca y un manto blanco nieve a juego. Ella lo confunde con un médico a causa de sus vestidos y su aspecto y su sorpresa es mayor porque los médicos y los sacerdotes no prestan atención a los pobres ni tampoco los protegen de la avaricia de los comerciantes. Ella le explica a Jesús la razón de sus lágrimas.

'Cambia este cordero para estos creyentes. No es digno del altar, tampoco es justo que tú debas tomar ventaja de dos ancianos pobres, sólo porque son débiles y desprotegidos'. Le dice Jesús al comerciante de corderos.

'¿Y quién eres Tú?'

'Un hombre justo'.

'Por Tu forma de hablar y Tus compañeros', yo sé que Tú eres Galileo. ¿Puede haber un hombre justo en Galilea?'

'Haz lo que te dije, y se un hombre justo ti mismo'.

"¡Escuchad! ¡Escuchad al Galileo que está defendiendo a sus iguales! Y ¡Él quiere enseñarnos a nosotros del Templo!' El hombre se ríe y se burla, imitando el acento Galileo, que es más musical y más suave que el de Judea.

Muchas personas se acercan más a ellos y otros comerciantes y cambistas se ponen del lado de su compañero de comercio en contra de Jesús.

Entre los asistentes hay dos o tres rabinos irónicos. Uno de ellos le pregunta: ' ¿Eres médico? ', De manera que incluso probaría la paciencia de Job.

'Sí, lo soy'.

'¿Qué enseñas? '

'Esto enseño: a hacer la Casa de Dios, una casa de oración y no una usura o un mercado. Eso es lo que Yo enseño'.

Jesús es formidable. Se ve como el arcángel en el umbral del Edén e incluso sin una reluciente espada en su mano, los destellos de Sus ojos atacan a los burladores impíos como un rayo. Jesús no tiene nada en sus manos. Todo lo que tiene es Su cólera. Y lleno de ira, Él camina rápido y solemnemente entre los bancos de los cambistas: Esparce las monedas que han sido ordenados tan meticulosamente de acuerdo a sus valores, se trastorna con los bancos y mesas tirando todo al suelo con grandes ruidos estrepitosos. En medio del estruendo de los rebotes de los metales y la madera, gritos de cólera, gritos de terror y gritos de aprobación se mezclan. Pero Jesús no ha terminado todavía.

Él arrebata algunos cables utilizados para sujetar a los bueyes, las ovejas y los corderos de las manos de los chicos de la granja y los utiliza para hacer un látigo muy duro con nudos corredizos que son flagelos reales. Entonces Él levanta el látigo y lo hace girar golpeando sin piedad con el. Sí.... sin piedad.

La tormenta imprevista golpea cabezas y espaldas. Los creyentes se mueven a un lado admirando la escena; los culpables, perseguidos hasta la pared externa, parados en sus talones, dejando su dinero en el suelo y abandonando a sus animales en una gran confusión de piernas, cuernos y alas, algunos de los cuales, sobresaltados, corren y vuelan. El fuelle de bueyes,

balidos de ovejas y aleteo de tórtolas y palomas, se suman a las carcajadas y los gritos de los creyentes, ya que se burlan de los tiburones de créditos escapistas ahogando incluso el coro plañidero de los corderos que se sacrificaron en otro patio.

Sacerdotes, rabinos y Fariseos se apresuran al lugar. Jesús todavía está en el medio del patio, volviéndose en persecución, el látigo todavía en sus manos.

'¿Quién eres Tú? ¿Cómo te atreves a hacer eso, alterando las ceremonias prescritas? ¿De qué escuela Tú eres? No sabemos de Ti, ni sabemos de donde vienes'.

'Yo soy Aquél Que es Poderoso. Puedo hacer cualquier cosa. Destruid este Templo verdadero y lo levantaré para alabar a Dios. No estoy molesto por la santidad de la Casa de Dios o de las ceremonias, estoy molesto por lo que permitís en Su casa para convertirse en el centro de los tiburones de crédito y comerciantes. Mi escuela es la escuela de Dios. La misma escuela que todo Israel tenía cuando el Eterno Dios le habló a Moisés. ¿Vosotros no sabéis de Mí? Sabréis de mí. ¿No sabéis de dónde Yo vengo? Aprenderéis.

Entonces, ignorando a los sacerdotes, Jesús se dirige a la gente, de pie con Su túnica blanca, con Su manto abierto y soplando en el viento detrás de la espalda, los brazos extendidos como un orador reforzando el punto clave de su discurso, Él dice: '¡Escuchad, Israel! En Deuteronomio se dice: 'Vosotros estáis para nombrar jueces y escribanos en todas las puertas... y ellos deben administrar un juicio imparcial para el pueblo. Vosotros debéis ser imparciales; no debéis tomar sobornos, porque el soborno ciega los ojos de los hombres sabios y pone en peligro la causa de los justos. La justicia estricta debe ser vuestro ideal, de modo que podáis vivir en posesión legítima de la tierra que Jehová tu Dios os está dando'.

'Escuchad, Israel. En Deuteronomio dice: "Los sacerdotes y escribas y toda la tribu de Leví no tendrán ninguna participación ni herencia con Israel, porque tienen que vivir de los alimentos ofrecidos a Yahvé y en Sus deudas; no tendrán, pues, herencia entre sus hermanos, porque Yahvé será su herencia'.

'Escuchad, Israel. En Deuteronomio se dice: "no debéis prestar sobre el interés de vuestro hermano, si la falta fuera de dinero o comida o cualquier otra cosa. Vosotros podéis exigir intereses de un préstamo de un extranjero; pero se presta sin intereses a vuestro hermano lo que necesita".

El Señor dijo esto. Pero ya ves que en Israel los juicios se administran sin justicia para los pobres. Ellos no están inclinados hacia la justicia, pero son parciales con los ricos, y ser pobre, ser parte de la gente común significa ser oprimido. ¿Cómo la gente puede decir: "Nuestros jueces son justos" cuando ven que sólo los poderosos son respetados y satisfechos, mientras que los pobres no tienen quien les escuche? ¿Cómo pueden las personas respetar al Señor, cuando ven que el Señor no es respetado por los que deberían respetarlo más a Él que a los demás? ¿Él que infringe el mandamiento del Señor lo respeta? ¿Por qué entonces los sacerdotes de Israel poseen la propiedad y aceptan sobornos de los recaudadores de impuestos y pecadores, que les hacen ofrendas para obtener sus favores, mientras que aceptan regalos para llenar sus arcas? Dios es la herencia de Sus sacerdotes. Él, el Padre de Israel, es más que un Padre para ellos y les proporciona alimentos, como es justo. Pero no más de lo que es justo. No prometió dinero ni posesiones a Sus siervos del santuario. En la vida eterna, poseerán el Cielo por su justicia, como Moisés, Elías, Jacobo y Abraham lo harán, pero en este mundo deben tener sólo una sábana y una diadema de oro incorruptible: la pureza y la caridad, y sus cuerpos deben estar sujetos a sus almas, que también deberán someterse al Dios verdadero, y sus cuerpos no están para ser amos sobre sus almas y contra Dios.

Me han preguntado con qué autoridad hago esto. ¿Y con qué autoridad ellos violan el mandato de Dios y permiten a la sombra de los muros sagrados la usura en sus hermanos de Israel, que han venido a obedecer el mandato divino? Se me ha preguntado de que escuela Yo he venido y he respondido: 'De la escuela de Dios " Sí, Israel, he venido y os llevaré de vuelta a esa escuela santa e inmutable.

Quién quiere conocer la Luz, la Verdad, el Camino, quién quiere volver a escuchar la voz de Dios que habla a su pueblo, que venga a Mí. Vosotros seguisteis a Moisés a través de los desiertos, Israel. Seguidme, porque os voy a llevar a través de un desierto mucho peor, a la verdadera tierra bendita. En el mandato de Dios, os guiaré a este, a través de un mar abierto. Yo os curaré de todos los males alzando Mi Signo.

Ha llegado el tiempo de Gracia. Los Profetas esperaron por el y murieron esperando. Los Profetas profetizaron y murieron en esa esperanza. Ellos sólo han soñado con el y murieron confortados por ese sueño. Ahora está aquí. Venid. "El Señor está a punto de juzgar a Su pueblo y tendrá misericordia de Sus siervos, 'como Él lo prometió por medio de Moisés'.

Las gente se apiñaba en torno a Jesús de pie escuchándolo a Él con la boca abierta. Luego, comentan las palabras del nuevo Rabino y le hacen preguntas a sus compañeros. Jesús se va al otro patio, separado del primero sólo por un porche y Sus amigos lo siguen.

Jesús Se Encuentra Con Judas Iscariote Y Tomás Y Cura A Simón El Zelote

Es el atardecer durante la Pascua y la ciudad de Jerusalén está llena de peregrinos corriendo a casa. Jesús con Sus seis discípulos, camina hacia la casa de campo, situada entre los espesos olivos, donde Él es invitado. Judas Tadeo, que había querido venir a Jerusalén con Jesús, no está presente.

Desde el espacio abierto rústico en frente de la casa, una colina en terrazas cubiertas de olivos desciende hasta un pequeño torrente de agua que fluye a lo largo de un valle formado por dos colinas en donde en la parte superior se encuentra el Templo en una mientras que la otra está cubierta sólo con olivos. Jesús acaba de empezar a subir por la ladera pacífica de la colina de los olivos, cuando un hombre anciano, posiblemente, un agricultor o propietario del olivar se acerca al grupo y se dirige a Juan, su manera familiar.

'Juan, hay dos hombres que esperan a tu amigo.'

'¿Dónde están? ¿Quiénes son? '

' No lo sé. Uno de ellos es sin duda de Judea. El otro ... No sé. No le pregunté. '

'¿Dónde están? "

'En la cocina, esperando, y ... y ... sí ... hay otro hombre que está todo cubierto de llagas. Hice que se quedara allí, porque me temo que puede ser un leproso. Dice que quiere ver al Profeta Quién habló en el Templo. "

Jesús, que ha estado en silencio, dice: «Vayamos a él primero. Deciros a los demás que vengan si así lo desean. Hablaré con ellos allí, en el olivar.

'Y Él convierte el lugar indicado para el hombre.

¿Y qué hay de nosotros? ¿Qué vamos a hacer? «pregunta Pedro.

'Venid, si queréis. "

Un hombre, embozado, está apoyado en la pared rústica que soporta la terraza cercana al límite de la propiedad. Debe de haber llegado a ella a través de un sendero que bordea el torrente. Cuando ve a Jesús que se acerca, él grita: "Vuelve. ¡Vuelve! ¡Ten piedad de mí! 'Y él desnuda su torso dejando caer su túnica al suelo. Su rostro está cubierto de costras pero su torso es una gran herida, que en los lugares, se han convertido en heridas profundas, algunas de las cuales parecen quemaduras, mientras que otras son de color blanquecinas y brillantes, como si hubiese un panel blanco de vidrio fino en ellos.

'¿Tú eres leproso? ¿Qué deseas de mí? '

' ¡No me maldigas! ¡No me apedrees!. Me han dicho que la otra noche Tú Mismo te has revelado como la voz de Dios y el Portador de la Gracia. También me dijeron que Tú das la seguridad que al elevar Tu Señal, curarás todas las enfermedades. Por favor, eleva esto sobre mí. He venido de los sepulcros ... allá ... Me arrastré como una serpiente entre los arbustos cerca del torrente para llegar hasta aquí sin ser visto. Esperé hasta la noche antes

de salir, porque en la oscuridad es más difícil ver lo que soy. Me atreví ... Encontré a este hombre, el hombre de la casa, él es bueno. Él no me mató. Él se limitó a decir: "Espera ahí, cerca de la pequeña pared. "Ten piedad de mí'.

Jesús se dirige cerca del leproso, pero los seis discípulos junto con el propietario y los dos desconocidos se quedan muy atrás y miran con disgusto.

'No vengas más cerca. ¡No! ¡Estoy infectado!' grita el leproso pero Jesús se acerca más aún. Él mira al leproso tan misericordiosamente, que el hombre comienza a llorar y arrodillándose con su rostro casi tocando el suelo, se queja: "¡Tu Señal! ¡Tu Señal!

'Esto será elevado cuando sea el momento. Pero ahora te digo: Levántate. Estás curado. Yo lo quiero. Y será por señal en esta ciudad que debe reconocerme. Levántate, digo yo. Y no peques, ¡por gratitud a Dios! 'Poco a poco, el hombre se levanta, pareciendo surgir de la hierba de flores como desde una mortaja ... y está curado. Se ve a sí mismo en el último tenue luz del día. Él está curado. Grita:

'¡Estoy limpio! ¡Oh! ¿Qué voy a hacer por Ti ahora? '

'Debes cumplir con la ley. Ve con el sacerdote. Se bueno en el futuro. Ve '.

El hombre está a punto de arrojarse a los pies de Jesús, pero recordando que él todavía es inmundo según la Ley, se contiene y en su lugar besa su propia mano, y lanza un beso a Jesús y llora. Él llora de alegría.

Los otros se quedan estupefactos.

Jesús se aleja del hombre sanado y les despierta sonriendo. "Mis amigos, fue sólo lepra de la carne.

Pero veréis la caída de la lepra de los corazones. ¿Erais vosotros quienes Me queríais? 'pregunta a los dos desconocidos. 'Aquí estoy. ¿Quiénes sois vosotros? '

'Te hemos escuchado la otra noche ... en el Templo. Te estuvimos buscando en la ciudad. Un hombre, que dijo que es un pariente Tuyo, nos dijo: Quédense aquí.'

'¿Por qué me buscabais?

'Para seguirte, si Tú nos lo permites, porque Tú tienes palabras de verdad. "

'¿Seguirme? Pero ¿sabéis vosotros a dónde voy? '

'No, Maestro, pero sin duda a la gloria'.

Sí. Pero no a una gloria de este mundo. Voy a una gloria que está en el cielo y es conquistado por la virtud y sacrificio. ¿Por qué queréis seguirme? 'Os pregunto de nuevo.

'Para tomar parte en Tu gloria. '

'¿De acuerdo con el Cielo? '

' Sí, de acuerdo con el Cielo. '

'No todo el mundo es capaz de llegar allí porque Mamón pone más trampas para aquellos que anhelan el Cielo que el resto. Y sólo el que tiene gran fuerza de voluntad puede resistir. ¿Por qué queréis seguirme, si seguirme significaría una lucha continua contra el enemigo, que está en nosotros, contra el mundo hostil, y contra el Enemigo que es Satanás?

' Porque ese es el deseo de nuestra alma, que han sido conquistados por Ti. Tú eres santo y poderoso. Queremos ser Tus amigos'.

31

'¡Amigos! ! ! Jesús calla y suspira. Entonces Él se queda mirando a la persona que ha sido el portavoz y quién ha quitado ahora el manto del capo de su cabeza, y está con la cabeza descubierta. "¿Quién eres? Tú hablas mejor que un hombre del pueblo'.

'Yo soy Judas, hijo de Simón. Vengo de Queriot. Pero yo soy del Templo. Estoy esperando y soñando con el Rey de los Judíos. Te oí hablar como un rey. Vi Tus gestos amables. Llévame contigo'.

'¿Llevarte? ¿Ahora? ¿De una vez? No'

'¿Por qué no, Señor? '

Porque es mejor examinarnos cuidadosamente antes de aventurarse en caminos muy empinados.

'¿No crees Tú que soy sincero?"

'Tú lo has dicho. Creo en tu impulsividad. Pero no creo en tu perseverancia. Piensa en ello, Judas. Yo Me voy ahora y estaré de vuelta para el Pentecostés. Si tú estás en el Templo, y Me verás. Examinate tú mismo. ¿Y quién eres tú?'.

'Yo soy otro que Te ha visto. Me gustaría estar Contigo. Pero ahora tengo miedo'.

'No. La presunción arruina personas. El miedo puede ser un impedimento, pero es una ayuda cuando se origina a partir de la humildad. No tengas miedo. Piensa en ello, también, y cuando vuelva... "

'Maestro, ¡Tú eres tan santo! Tengo miedo de no ser digno. Nada más. Porque yo no dudo de mi amor... '

'¿Cuál es tu nombre? '

'Tomás, de Dídimo. '

'Voy a recordar tnombre. Vete en paz'.

Jesús les despide y Se va a la casa hospitalaria para la cena.

Los seis discípulos con Él quieren saber muchas cosas. '¿Por qué, Señor, ¿por qué Tú los trata de manera diferente? Por que hay una diferencia. Ambos tenían la misma impulsividad ...' Pregunta Juan.

'Mi amigo, también de la misma impulsividad puede tener un sabor diferente y lograr un efecto diferente. Ambos sin duda tenían el mismo carácter impulsivo. Pero ellos no eran los mismos en su propósito. Y el que parece menos perfecto es, de hecho, más perfecta, porque no tiene ningún incentivo para la gloria humana. Él Me ama porque Me ama'.

'Y yo también'.

' Y yo también. ',' Y yo "," Y yo "," Y yo "," Y yo"

' Ya lo sé. Te conozco por lo que eres'.

'¿Somos, por tanto, perfecto? '

'¡Oh! ¡No! Pero, al igual que Tomás, que se convertirá en perfecto si persevera en su deseo de amar. ¿Perfecto?! ¡Oh! Amigos míos! ¿Y quién es perfecto, sino Dios? '

'¡Tú Lo eres!'

'En verdad os digo que no soy perfecto por Mí mismo, si creéis que soy un profeta. Nadie es perfecto. Pero yo soy perfecto porque Él Quién os habla es la Palabra del Padre: parte de Dios. Su pensamiento que se convierte en Palabra. Tengo Perfección en Mí mismo. Y vosotros debéis creer en Mí como si creéis que yo soy el Verbo del Padre. Y, aún, ved, mis amigos, quiero ser llamado el Hijo del hombre, porque yo Me bajo para tomar sobre Mí todas las miserias del hombre, para aguantarlas como Mi primer andamio, y cancelarlas, después de aguantarlas, sin sufrirlas Yo mismo. ¡Qué carga, Mis amigos! Pero yo la llevo con alegría. Es una alegría para Mí llevarlas, porque, desde que soy el Hijo del hombre, haré de la humanidad una vez más el hijo de Dios. Como era el primer día'.

Jesús habla muy suavemente, sentado en la mesa de los pobres, gesticulando con calma con las manos sobre la mesa, con la cabeza ligeramente inclinada hacia un lado, con el rostro iluminado desde abajo por una pequeña lámpara de aceite sobre la mesa. Sonríe suavemente, Él, Quién poco antes, fue un magestuoso Maestro en Su porte, ahora es amigable en Sus gestos. Sus discípulos Le escuchan con atención.

'Maestro ... ¿por qué Tu primo no llega, a pesar de que sabe dónde Tú vives?"

'¡Mi Pedro! ... Tú serás una de Mis piedras, la primera. Pero no todas las piedras se pueden utilizar fácilmente. ¿Has visto a los bloques de mármol en el edificio Pretorio? Con trabajo duro fueron arrancados del seno de la ladera de la montaña, y ahora son parte del Pretorio. Mira en su lugar en esas piedras ahí abajo que brillan en la luz de la luna, en las aguas del Cedrón. Llegaron en el cauce del río por sí mismas, y si alguien quiere tomarlas, no oponen resistencia. Mi primo es como las primeras piedras de las cuales estoy hablando ... El seno de la ladera de la montaña: su familia, ellos luchan por él Conmigo'.

'Pero yo quiero ser exactamente como las piedras en el torrente. Estoy dispuesto a dejar todo por Ti: hogar, esposa, pesca, hermanos. Todo, Maestro, por Ti'.

' Ya lo sé, Pedro. Es por eso que Te amo. También Judas vendrá'.

'¿Quién? ¿Judas Iscariote? No me importa él. Él es un joven elegante, pero ... prefiero ... Yo prefiero ... " Todos se ríen de observación ingeniosa de Pedro. " ... No hay nada para reírse . Quiero decir que yo prefiero un galileo sincero, un pescador rudo, pero sin ningún tipo de fraude para ... para gente de la ciudad que ... no sé ... aquí: el Maestro sabe lo que quiero decir'.

'Sí, lo sé. Pero no juzgues. Nos necesitamos unos a otros en este mundo, el bien se mezclan con los malos, al igual que las flores en un campo. La cicuta crece al lado de la malva saludable'.

'Me gustaría preguntar una cosa... '

'¿Qué, Andrés?'

'Juan me habló del milagro que Tú hiciste en Caná ... Esperábamos mucho que Tú hicieras uno en Cafarnaúm ... y Tú dijiste que no ibas a hacer ningún milagro antes de cumplir con la ley. ¿Por qué entonces Caná? ¿Y por qué aquí y no en Tu propia patria? '

'Obedecer la ley es estar unidos a Dios y que aumenta nuestras capacidades. Un milagro es la prueba de la unión con Dios, así como de la presencia benevolente y asentimiento de Dios. Es por eso que quería realizar Mi deber como Israelita, antes de iniciar la serie de milagros'.

'Pero Tú no estabas obligado a cumplir con la Ley'.

'¿Por qué? Como Hijo de Dios, no estaba. Pero como hijo de la Ley, sí , lo estaba. Por el momento, Israel Me conoce sólo como tal ... y, aún después, casi todo el mundo en Israel sabrá de mí, como tal, es más, incluso menos. Pero yo no quiero escandalizar a Israel y, por tanto, obedezco la Ley. '

' Tú eres Santo'.

'La Santidad no impide la obediencia. Más aún, esto lo hace una perfecta obediencia. Además de todo lo demás, no es un buen ejemplo para dar. ¿Qué dirías tú de un padre, de un hermano mayor, de un maestro, de un sacerdote que no dio buenos ejemplos? '

¿Y qué hay de Caná? ‹

'Caná era para hacer feliz a mi madre. Caná es el avance debido a Mi Madre. Ella anticipa Gracia. Aquí Yo honro la Ciudad Santa, lo que hace de ella, en público, el punto de partida de Mi poder como Mesías. Pero allí, en Caná, pagué honor de la Santa Madre de Dios, Llena eres de Gracia. El mundo Me recibe a través de Ella. Es justo que Mi primer milagro en el mundo debe ser para Ella'.

Hay una llamada a la puerta entonces, Tomás regresa, entra y se arroja a los pies de Jesús.

'Maestro... No puedo esperar hasta que vuelvas. Déjame ir contigo. Estoy lleno de defectos, pero tengo mi amor, mi único gran tesoro real. Es Tuyo, es para Ti. Déjame entrar, Maestro ... '

Jesús pone Su mano sobre la cabeza de Tomás. 'Tú puedes quedarse, Dídimo. Sígueme. Bienaventurados los que son sinceros y persistente en su voluntad. Todos vosotros sois todos Bendecidos. Vosotros sois más que familia para mí, porque sois Mis hijos y Mis hermanos, no de acuerdo a la sangre que muere, pero de acuerdo a la voluntad de Dios y Sus deseos espirituales. Ahora os digo que no tengo parientes más cercanos que los que hacen la voluntad de Mi Padre, y lo hacéis porque queréis lo que es bueno. '

Tomás Se Convierte En Discípulo

'Levántate, Mi amigo. ¿No has cenado todavía? 'Dice
Jesús a Tomás moviendo Su mano de la cabeza de
Tomás en su hombro.

'No, Maestro. Caminé unos metros con el otro compañero
que estaba conmigo, entonces lo dejé y yo volví diciendo
que quería hablar con el leproso sanado ... Yo dije eso
porque pensé que sería desdeñar acercarse a un hombre
impuro. Pensé que era lo correcto. Pero quería verte, no
al leproso ... Quería decirte a Ti: "Por favor, llévame" ...
Estuve dando vueltas por todo el olivar hasta que un
joven me preguntó qué estaba haciendo. Él debe haber
pensado que estaba enfermo. Él estaba cerca de un pilar,
en el límite del olivar. '

' Este es mi hijo ...', explica el propietario, sonriendo '...
Él es de guardia en la almazara. En las cuevas bajo el
molino, todavía tenemos casi toda la cosecha del año.
Fue una muy buena e hicimos una gran cantidad de
aceite. Y cuando hay grandes multitudes alrededor,
los ladrones siempre se reúnen para saquear lugares
no vigilados. Hace ocho años, justo en Parasceve, nos
robaron todo. Desde entonces mantenemos una buena
vigilancia una noche cada uno. Su madre ha ido para
llevarlo a su cena. '

'Bueno, él me preguntó: " ¿Qué quieres? ", Y habló en
un tono tal que para salvar mi espalda de su bastón,
le respondí de inmediato:" Estoy buscando al Maestro
que vive aquí ". Entonces él contestó: "Si lo que dices es
cierto, vamos a la casa". Y él me trajo aquí. Fue él quien
llamó a la puerta y él no se fue hasta que escuchó mis
primeras palabras. '

'¿Vives lejos?'

'Yo vivo al otro lado de la ciudad, cerca de la Puerta
Oriental'.

'¿Estás solo? '

'Yo estaba con algunos familiares. Pero se han ido para quedarse con otros parientes en el camino a Belén. Yo me quedé aquí en busca de Ti día y noche, hasta que me encontré Contigo. Jesús sonríe y dice: «¿Así que nadie está esperandote?'

'No, Maestro'.

'Es un largo camino, es una noche oscura, las patrullas romanas casi en la ciudad. Yo digo: quédate con nosotros, si así lo deseas'.

'¡Oh Maestro! ‹Exhala Tomás, feliz.

'Hagan lugar para él. Y cada uno de nosotros tendrá que dar algo a nuestro hermano. Jesús le da la porción de queso que tenía frente a Él y le explica a Tomás: "Somos pobres y nuestra cena está a punto de terminar. Pero hay mucho corazón en el que ofrece. Y Él le dice a Juan que está sentado al lado de Él: "Dale tu asiento a nuestro amigo" '.
Juan se levanta de una vez y se sienta en el extremo de la mesa cerca del propietario.

´Siéntate, Tomás, y come› Y entonces Él les dice a todos: ‹ Siempre comportaos así, amigos míos, de acuerdo con la ley de la caridad. Un peregrino ya está protegido por la ley de Dios. Pero ahora, en mi nombre, vosotros debéis amarlo aún más. Cuando alguien os pide un poco de pan, una gota de agua o un refugio en el nombre de Dios, vosotros debéis darselo en el mismo nombre. Y recibiréis vuestra recompensa de Dios. Debéis comportaros así con todo el mundo. Incluso con vuestros enemigos. Y ésta es la nueva Ley.

Hasta ahora se les dijo: "Amad a los que os aman y

odiad a vuestros enemigos ", Yo os digo: "Amad también a los que os aborrecen. "¡Oh! si supierais cuánto seréis amados por Dios, si os gusta lo que os estoy diciendo! Y cuando alguien dice: "Yo quiero ser tu compañero en el servicio del verdadero Señor Dios y seguir a Su Cordero", entonces él debe ser más querido que un hermano de sangre, porque vosotros estaréis unidos por un lazo eterno: 'el vínculo de Cristo'.

'¿Pero si alguien viene, que no es sincero? Es fácil decir: «Yo quiero hacer esto o aquello" Pero las palabras no siempre se corresponden con la verdad", dice Pedro, un tanto irritado y claramente no está en su estado de ánimo jovial de siempre.

' Pedro, escucha. Lo que tú dices es razonable y justo. Pero, mira: es mejor excederse en la generosidad y la confianza en lugar de superar, en la desconfianza y la dureza. Si ayudas a una persona que no se lo merece, ¿qué daño te sobrevendrá? Ninguno. Es más, la recompensa de Dios siempre estará activa para ti, mientras que la persona será culpable de traicionar tu confianza'.

'¿No hay nada malo? Eh! Muy a menudo, una persona sin valor no está satisfecha con la ingratitud, sino que va mucho más allá, hasta el extremo de arruinar la reputación, la riqueza y la vida misma'.

'Cierto. ¿Pero disminuiría su mérito? No, no lo haría. Incluso si todo el mundo creyera las calumnias, incluso si llegara a ser más pobre que Job, incluso si la persona cruel tomara su vida, ¿qué cambiaría ante los ojos de Dios?

'Nada. Más bien, algo cambiaría, pero a su favor porque Dios añadiría los méritos de su martirio intelectual, financiero y físico a los méritos de su generosidad'

'¡Muy bien! Tal vez sea así' coincide Pedro y, todavía de mal humor, él descansa su cabeza en su mano. Jesús se dirige a Tomás: 'Mi amigo, antes, en el olivar Yo te dije: "Cuando vuelvas aquí, si todavía estás dispuesto, serás uno de mis discípulos" ahora Yo te digo: "¿Estás dispuesto a hacerle un favor a Jesús?"

'Sin duda alguna'.

'¿Y si este favor costara algún sacrificio? '

'No hay sacrificio en el servicio a Ti. ¿Qué es lo que deseas? '

'Yo quería decir ... pero puede que tengas algún asunto, algunos afectos...'

'¡Ninguno, ninguno! ¡Te tengo a Ti! Dime'.

'Escucha. Mañana al amanecer el leproso dejará los sepulcros para encontrar a alguien quien informará al sacerdote. Tú serás el primero en ir a los sepulcros. Es la caridad. Y gritarás: «¡Sal, tú, el que fue limpiado ayer. He sido enviado por Jesús de Nazaret, el Mesías de Israel, Él que te ha limpiado. "Que el mundo de los "muertos vivientes" conozcan Mi nombre, dejad que palpiten con esperanza, y dejad que vengan a Mí, quién tendrá la fe además de la esperanza, para que Yo los sane. Es la primera forma de pureza que yo traigo, la primera forma de resurrección, de los cuales Yo soy el señor. Un día concederé una mayor pureza ... Un día las tumbas selladas violentamente expulsarán a los que están realmente muertos, y ellos van a aparecer y reír con sus ojos vacíos, con sus mandíbulas desnudas, a causa de la alegría de las almas liberadas del Limbo, una alegría remota y sin embargo percibida incluso por esqueletos. Ellos parecen reír a causa de esta liberación y palpitar sabiendo que se debe a ... ¡Ve! Él vendrá a ti. Harás lo

que te pida que hagas; ayúdale en todo, como si fuera tu
hermano, y también dile: "Cuando estés completamente
purificado, iremos juntos por el camino del río, más allá
de Doco y Efraín. Jesús, el Maestro, estará esperando por
nosotros para decir en lo que tenemos que servirle'.

'Haré eso. Y ¿qué pasa con el otro?'

'¿Quién? El Iscariote? '

'Sí, Maestro'.

'El consejo que le di sigue en pie. Deja que él decida por
sí mismo y dejale tomar mucho tiempo. Más bien, evita
verlo. Yo estaré con el leproso. Sólo los leprosos vagan en
el valle de los sepulcros y los que lamentablemente están
en contacto con ellos'.

Pedro murmura algo. Jesús le oye. '¿Qué es lo que
te pasa, Pedro? O murmuras o callas. Pareces estar
insatisfecho. ¿Por qué? '

'No estoy satisfecho. Fuimos los primeros y Tú no
obraste un milagro para nosotros. Fuimos los primeros
y dejas que un extraño se sienta al lado de Ti. Fuimos
los primeros y Tú le confias, no nosotros, con una tarea.
Fuimos los primeros y ... todavía, sí, parece que somos
los últimos. ¿Por qué les esperarás en la carretera cerca
del río? Ciertamente confiarles una misión. ¿Por qué ellos
y no nosotros? '

Jesús mira a Pedro y sonríe mientras él sonríe como
un niño. Se levanta, camina lentamente hacia Pedro
y sonriendo, le dice: '¡Pedro! Pedro! ¡Tú eres un bebé
grande y viejo!' 'Luego, volviéndose hacia Andrés quien
estaba junto a su hermano, Jesús dice: 'Ve, y toma
Mi asiento'. Entonces Jesús se sienta junto a Pedro,
agarrando sus hombros con Su brazo y lo sostiene

contra su propio hombro, Él dice: 'Pedro, crees que estoy siendo injusto, pero yo no. Por el contrario, se trata de una prueba de que Yo sé lo que tú vales. Mira. ¿Quién necesita pruebas? El que no está aún seguro. Yo sabía que estabas tan seguro de Mí, para que yo no sienta ninguna necesidad de darte pruebas de Mi poder. Las pruebas son necesarias aquí, en Jerusalén, donde las almas han sido consideradas por los vicios, la irreligiosidad, la política y muchas cosas del mundo hasta tal punto que ya no pueden ver la Luz que pasa cerca. Pero allí, en nuestro hermoso lago, tan claro bajo un cielo claro, entre personas dispuestas honestas y buenas, no se requiere prueba. Tú tendrás milagros. Derramaré torrentes de gracias sobre ti. Pero considera cómo te valoré, te llevé sin exigir ninguna prueba y sin encontrar necesario otorgarte ninguna, porque sé quién eres. Tú eres querido para mí, tan querido y tan fiel'.

Pedro anima: 'Perdóname Jesús'.

Sí, te perdono porque tu mal humor es un signo de amor. Pero no seas más envidioso, Simón de Jonás . ¿Sabes cómo es el corazón de tu Jesús? ¿Alguna vez has visto el mar, el mar de verdad? ¿Lo has visto? Bueno, ¡Mi corazón es más grande que el inmenso mar! Y hay lugar para todos. Para el conjunto de la humanidad. Y la persona más pequeña tiene un lugar exactamente como el más grande. Y un pecador encuentra el amor como un inocente. Yo les confío a estos con una misión. Ciertamente. ¿Quieres prohibirme a Mí? Yo te escogí. Tú no te elegiste a ti mismo. Por lo tanto, yo soy libre de decidir cómo quiero emplearte. Y si les dejo a ellos aquí con una misión - que bien podría ser una prueba, ya que el lapso de tiempo concedido al Iscariote puede ser debido a la misericordia - ¿Puedes reprocharme a Mí? ¿Cómo sabes que yo no estoy guardando una gran misión para ti? Y no es la misión más bonita que se te diga: '¿Vendrás conmigo? '

'Es verdad. ¡Soy un tonto! Perdóname... '

Sí. Yo perdono todo. ¡Oh! Pedro! ... Pero te ruego que
nunca más discutamos los méritos y posiciones. Yo
podría haber nacido rey. Nací pobre, en un establo. Yo
podría haber sido rico. Viví con Mi trabajo y ahora vivo de
la caridad. Y, sin embargo, Créanme, Mis amigos, no hay
nadie más grande que Yo ante los ojos de Dios. Mayor de
lo que yo soy, Quién soy aquí: 'el siervo del hombre'.

'¿Tú, siervo? ¡Nunca!'

'¿Por qué no, Pedro? '

'Porque yo te serviré'.

'Incluso si tú Me sirves como una madre sirve a su hijo,
he venido para servir al hombre. Seré un Salvador para
él. ¿Qué servicio hay de esta manera? '

'¡Oh! Maestro! Tú explicas todo. ¡Y lo que parecía oscuro
se aclara a la vez! '

'¿Estás contento ahora, Pedro? Ahora déjame terminar
de hablar con Tomás. ¿Seguro de que reconocerás
el leproso? Él es el único sanado; pero ya se puede
haber ido por la luz de las estrellas, para encontrar un
caminante tempranero. Y alguien, deseoso de entrar en
la ciudad y ver a sus familiares, tal vez podría tomar
su lugar. Escucha a su descripción. Yo estaba cerca de
él y lo vi bien en el crepúsculo. 'Es alto y delgado. De
tez oscura, como una raza cruzada, con los ojos muy
profundos y oscuros con blancas cejas, el pelo blanco
como la ropa de cama y algo rizado, y una nariz larga
despingona al igual que los libios', dos labios gruesos que
sobresalen especialmente el inferior. Él es de color oliva
pero sus labios rozan el violeta. Él tiene una vieja cicatriz

en la frente y será la única mancha, ahora que ha sido limpiado de costras y suciedad'.

'Él debe de ser viejo, si está todo blanco'.

'No, Felipe, él parece viejo, pero no lo es. La lepra lo volvió blanco'.

'¿Qué es él? Una cruza de razas? '

'Tal vez, Pedro. Parece africano'.

'¿Será un israelita, entonces?'

'Vamos a averiguarlo. Pero ¿y si no lo es? '

'¡Eh! Si no lo fuera, él desaparecería. Él ya tiene la suerte que merecía ser sanado'.

'No, Pedro. Incluso si él es idólatra, no lo voy a enviar lejos. Jesús ha venido para todos. Y yo digo solemnemente que la gente que vive en la oscuridad superará a los hijos de la gente de Luz... '

Jesús suspira, se levanta y da gracias al Padre con un himno y luego los bendice a todos.

Judas De Alfeo, Tomás Y Simón Son Aceptados Como Discípulos En El Jordán

Estamos una vez más en las hermosas orillas del río Jordán, que resuenan con la solemne paz verde-azul de sus apacibles aguas que fluyen y ramas frondosas como una dulce melodía. El flujo del agua es tan suave que sólo el susurro de los cañaverales a lo largo del lecho de grava, el ascenso y la caída de las hojas en forma de cinta de largo de las cañas, se sumergen y arrullan en el agua y también las graciosas caricias y peinando el fino follaje flexible verde de un grupo de sauces, estirándolos suavemente sobre la superficie del agua.

La paz y la tranquilidad de esta madrugada sólo se rompe por el canto de los pájaros y el murmullo del agua y hojas. Gotas de rocío brillan en la alta hierba verde entre los árboles, la hierba que se cultiva muy poco después de las recientes lluvias nutritivas de primavera.

En un camino militar romano bien conservado que va a través de varias regiones a la capital, separado del río Jordán por el arbolado, sirve para consolidar los márgenes de los ríos y de contener el agua en épocas de inundación. El bosque también continúa al otro lado de la carretera por lo que el camino parece un túnel con un techo de ramas entrelazadas frondosas que dan protección y bienvenida a los viajeros a pie, en el clima caluroso.

En un punto a lo largo del río, forma una amplia curva, seguido también por la carretera por lo que el terraplén frondoso parece una enorme barrera verde que encierra una cuenca de aguas más tranquilas, incluso, dando la apariencia de un lago en un parque lujoso.

En el centro de la curva, tres viajeros a pie, Tomás, Judas Tadeo y el leproso sanado, Simón, en esperan de pie. Ellos parecen ansiosos al norte en dirección a Samaria y luego hacia el sur, hacia Jerusalén. Y luego se ven con ansiedad, con expectación entre los árboles y hablan entre ellos.

'¿Puedes ver algo?'

'No, no puedo'.

'Yo tampoco'

'Y sin embargo, este es el lugar'.

'¿Está seguro?'

'Estoy seguro, Simón. Uno de los seis me dijo, cuando el Maestro se iba en medio de las aclamaciones de la multitud, después de la curación milagrosa de un mendigo lisiado en la Puerta del Pescado: "Ahora estamos saliendo de Jerusalén. Espéranos a cinco millas entre Jericó y Doco, en el recodo del río, a lo largo de la carretera en el bosque'. Éste. También dijo: "Vamos a estar allí en tres días al amanecer. 'Este es el tercer día, y estuvimos aquí antes del amanecer'.

'¿Él vendrá? Tal vez deberíamos haberle seguido desde Jerusalén'.

'Todavía no se te permitía mezclarte con las multitudes,

Simón'.

'Si mi primo te dijo que vinieras aquí, Él ciertamente
vendrá aquí. Él siempre cumple Sus promesas. Todo lo
que podemos hacer es esperar'.

'¿Siempre has estado con Él? '

'Sí, siempre. Desde que Él volvió a Nazaret, Él era mi
buen compañero. Siempre estábamos juntos. Somos
de la misma edad, yo soy un poco más viejo. Y yo era el
favorito de Su padre, que era el hermano de mi padre.
También Su madre era muy cariñosa conmigo. Crecí más
con Ella que con mi propia madre'.

'Ella era cariñosa ... ¿Ella ya no es tan cariñosa contigo
ahora?'

'¡Oh! Sí, Ella lo es. Pero nos hemos dividido un poco
desde que Él se convirtió en profeta. Mis parientes no
están contentos con él. '

'¿Qué parientes?'

'Mi padre y los dos hermanos mayores. El otro es
indeciso ... Mi padre es muy viejo y no tuve el coraje para
lastimarlo. Pero ahora ... Ahora, ya no es así. Ahora voy
donde mi corazón y mi mente me dictan. Voy a Jesús. No
creo que esté ofendiendo a la ley al hacerlo. En cualquier
caso ... si lo que yo quiero hacer no estaba bien, Jesús
me lo diría. Voy a hacer lo que Él dice. ¿Es correcto
que un padre evite que un hijo haga el bien? Si siento
que mi salvación está ahí, ¿por qué me impiden llegar
a ella? ¿Por qué, a veces, son nuestros padres nuestros
enemigos? '

Simón suspira, como alguien abrumado por recuerdos
tristes, y baja la cabeza, pero no habla.

'Yo ya he vencido el obstáculo ....', dice Tomás. '... Mi padre me escuchaba y me comprendía. Él me bendijo y dijo: 'Ve. Que esta Pascua sea para ti la liberación de la esclavitud de la espera. Eres afortunado porque puedes creer. Yo esperaré. Pero si realmente es 'Él', y tú te enterarás siguiéndolo, y luego ven y dile a tu anciano padre: 'Ven, Israel tiene al Esperado'.

'Tú eres más afortunado que yo. ¡Y nosotros siempre vivimos fuera de Él! ¡Y nosotros, en la familia, no creemos! ... Decimos, es decir, ellos dicen: '¡Se ha vuelto loco!'

'No, no es un grupo de personas' grita Simón. ¡Es él, es Él! ¡Reconozco Su cabeza justa! Oh! ¡Vamos! ¡Corramos! 'Ellos empiezan a caminar se dirige rápidamente hacia el sur. Cuando alcanzan el centro de la curva, los árboles cubren el resto de la carretera, de manera que los dos grupos se reúnen, uno frente al otro de forma inesperada. Jesús parece venir desde el río, porque Él está entre los árboles de la orilla.

'¡Maestro! ¡Jesús! ¡Señor mío!'

Los tres gritos del discípulo, el primo y el leproso curado están llenos de alegría y veneración.

'¡Paz a vosotros! 'Viene la hermosa e inconfundible voz del Maestro, llena de resonancia, calma, expresiva, clara, viril, la dulce voz! 'Tú también, Judas, ¿mi primo, se encuentra aquí? '

Ellos se abrazan. Judas está llorando.

'¿Por qué lloras?'

'¡Oh! Jesús! ¡Quiero quedarme Contigo!'

"He estado esperando por ti todo el tiempo. ¿Por qué no

viniste? 'Judas baja la cabeza y calla.

'¡Ellos no te dejaron! ¿Y ahora? '

'Jesús, yo ... no puedo obedecerlos. Quiero obedecerte sólo a Ti'.

'Pero Yo no te doy una orden'.

'No, no lo hiciste. ¡Pero es Tu misión que la da! Es Él, Quien Te envió, Quien está hablando aquí, en mi corazón, y me dice: "Ve a Él". Es ella, que te dio a luz, mi dulce maestro, Quien con Su mirada suave, tan suave como una paloma, me dice sin decir una palabra: "¡Sé de Jesús!". ¿Puedo ignorar esa voz celestial que penetra mi corazón? ¿Puedo pasar por alto las oraciones de la Santa Mujer Quien me implora por mi propio bien? Sólo porque soy Tu primo del lado de José, no debo reconocerte por lo que Tú eres, mientras que el Bautista Te reconoció, a pesar de que nunca Te había visto a Ti, aquí, en las orillas de este río y él Te saludó como el "Cordero de Dios"? Y yo, no he de ser capaz de cualquier cosa, aunque me crié contigo, y fui bueno, porque Te he seguido a Ti, y me convertí en un hijo de la Ley por medio de Tu Madre, de quien aprendí no sólo los seiscientos trece preceptos de los rabinos, además de las Escrituras y la oración, sino también la esencia de todos ellas? '

'¿Y tu padre? '

'¿Mi padre? No le falta el pan y la asistencia, y luego ... me das el ejemplo. Has pensado en el bienestar de la gente, en lugar de la pequeña ventaja de María. Y Ella está sola. Dime, Señor, ¿no es justo que un hijo le diga a su padre, y sin faltar al respeto: "Padre, te amo. Pero Dios está por encima de ti y lo seguiré a Él?'

'Judas, Mi primo y Mi amigo, te digo a ti: tú has hecho

un buen progreso en el camino hacia la Luz. Ven. Es lícito hablarle así a un padre, cuando es Dios Quien llama. No hay nada por encima de Dios. También las leyes de la relación cesan, es decir, ya que son elevadas a una dignidad, porque con nuestras lágrimas, le damos a nuestros padres y madres una mayor ayuda y algo que dure para siempre, y no sólo para el corto tiempo en este mundo. Nosotros los atraemos con nosotros al cielo a costa de sacrificar nuestros afectos, a Dios. Entonces, Judas, quédate aquí. He estado esperando por ti y estoy feliz de tenerte, el amigo de Mi vida en Nazaret'.

Judas queda tocado.

Jesús se dirige a Tomás: 'Has obedecido fielmente. Esa es la primera virtud de un discípulo'.

'Vine porque quiero ser fiel a Ti'.

Y tú lo serás. Te lo digo. Y tú, que te escondes tímidamente en la sombra, ven aquí. No tengas miedo'.

'¡Señor mío! Y Simón se tira a los pies de Jesús.

'Ponte de pie. ¿Tu nombre?'

'Simón'.

'¿Tu familia? '

'Mi Señor ... era poderosa ... Yo era poderoso también ... Pero el odio sectario amargo ... y los errores de la juventud dañado su poder. Mi padre ... ¡Oh! Debo hablar mal de él, que me causó tantas lágrimas terrenales! Tú ves, Tú viste el regalo que me dio'.

'¿Él era leproso?'

'No lo era. Tampoco yo, pero él sufrió de otra enfermedad

53

que nosotros en Israel asociado con diversas formas
de lepra. Él ... su casta era entonces triunfante; vivió y
murió como un hombre poderoso, como en casa. Yo ... si
Tú no me hubieras salvado, me habría muerto en el valle
de los sepulcros'.

'¿Estás solo? '

'Sí, lo estoy. Tengo un siervo fiel, que se ocupa de la
propiedad que él dejó. Yo he enviado por él'.

¿Y tu madre?'

'Ella ... está muerta. Y Simón parece avergonzado.

Jesús lo mira con atención. Simón, Me preguntaste:
'¿Qué puedo hacer por ti?' Ahora te digo: 'Sígueme'.

'Lo haré, de una vez, mi Señor ... Pero ... Pero yo ...
déjame Decirte una cosa. Yo soy, me llamaron "zelote"
debido a la casta, y "cananeo", a causa de mi madre. Ves.
Soy de tez morena. En mis venas corre la sangre de una
mujer esclava. Mi padre no tenía hijos de su esposa, y
él me tuvo con una esclava. Su esposa era una buena
mujer y ella me crió como a su propio hijo y se hizo cargo
de mí en mis interminables enfermedades hasta que
murió ... '

'No hay esclavos ni hombres libres ante los ojos de Dios.
Sólo hay una esclavitud en Sus ojos: el pecado. Y he
venido a abolirla. Yo estoy llamando a todos, porque
el Reino es para todos los hombres. ¿Eres un hombre
culto? '

'Sí, lo soy. También tuve mi posición entre la gente
importante, siempre y cuando mi enfermedad fuera
escondida debajo de mi ropa. Pero cuando se extendió a
mi cara ... Mis enemigos entonces no podían creer que
eran al fin capaces de confinarme entre los "muertos

", aunque un médico romano de Cesarea, cuando le consulté, me dijo que la mía no era la lepra real, sino serpigo hereditaria*, que extendería solamente por procreación. ¿Es posible para mí no maldecir a mi padre?
'

*tiña

'No debes maldecirlo. Él te ha causado todo tipo de problemas...'

'Sí, ¡lo hizo! Él era un derrochador, un cruel hombre sin corazón vicioso, sin amor. Él me privó de mi salud, me negó el amor y la paz, me marcó con un nombre vergonzoso y con una enfermedad que es una marca de infamia ... Él quería todo para sí, el futuro incluso de su hijo. Él me privó de todo, también de la alegría de ser padre. '
'Es por eso te digo: "Sígueme". Como Mi seguidor encuentrás padres y niños. Mira hacia arriba, Simón. Allí, el Padre Verdadero está sonriéndote. Mira el ancho mundo, a los continentes, a los países: hay niños y niños de todas partes; hijos de las almas para los sin hijos. Ellos están esperando por ti, y muchos como tú también están a la espera. No hay expósitos bajo Mi signo. No hay soledad, no hay diferencia en Mi signo. Es un signo de amor, y da amor. Ven, Mi sin hijos Simón. Ven, Judas, que estás perdiendo a tu padre por causa de Mí. Me uno a vosotros en el mismo destino'.

Ambos están al lado de Él y Él está sosteniendo Sus manos sobre sus hombros, como si estuviera tomando posesión de ellas e imponiendo un yugo común en ellos. -Y Yo os uno..... ' Él dice ' .... Pero ahora voy a separarlos. Simón, se quedará aquí con Tomás. Preparás con él el camino para Mi regreso: Voy a volver pronto, y quiero que la gente esté esperando por Mí. Recomienden a las personas enfermas que Quien puede curar sus

enfermedades, está a punto de venir aquí: que sin duda
les pueden decir eso. Díganle a los que están a la espera,
de que el Mesías está entre Su pueblo. Díganle a los
pecadores que Él Quien perdona ha venido a darles
fuerzas para levantarse..."

'¿Seremos capaces de hacer eso? '

'Sí, lo serán. Todo lo que tienen que decir es: 'Él ha
venido. Él os llama. Él está esperando por vosotros. Él
ha venido para darles gracias. Venid aquí para verlo', y
que estas palabras, añadid un reporte de lo que sabéis.
Y tú, Judas, Mi primo, ven conmigo y estos. Pero tú te
quedarás en Nazaret',

'¿Por qué Jesús?'

'Porque tú debes preparar Mi camino en Mi patria. ¿Crees
que se trata de una pequeña misión? Puedo decirte que
no hay una más dura ...' Jesús suspira.

'¿Tendré éxito?'

'Lo tendrás y no. Pero será suficiente para ser justificado'.

'¿Justificado de qué? ¿Y con quién? '

'Con Dios. Con tu patria. Con tu familia. Ellos no podrán
reprocharnos, porque ofrecimos buenas cosas: y si la
patria y la familia desdeñan nuestra oferta, no seremos
culpados por su pérdida'.

¿Y qué hay de nosotros? '

'¿Tú, Pedro? Volverás a tus redes de pesca'.

'¿Por qué?'

'Porque yo te enseñaré lentamente y te llevaré Conmigo,
cuando me parezca que ya estás listo'.

'¿Pero Te veremos, entonces? '

'Por supuesto. Menudo vendré a veros, enviaré por vosotros cuando esté en Cafarnaúm. Ahora, digamos adiós, Mis amigos y vámonos. Yo os bendigo, vosotros que quedáis aquí. Que Mi paz sea con vosotros'.

Regreso A Nazaret Después De La Pascua Con Los Seis Discípulos

Jesús está en su camino a casa a Nazaret acompañado por su primo, Judas Tadeo y también sus seis discípulos. Desde lo alto de la colina donde se encuentran, pueden ver el pueblo blanco entre el verde de los árboles, con sus casas dispersas subiendo y bajando las laderas suavemente onduladas que disminuyen ligeramente en algunos lugares y es más pronunciada en los demás.

'Aquí estamos, Mis amigos. Esa es Mi casa. Mi madre está en casa porque hay humo saliendo de la casa. Tal vez Ella está horneando. No voy a pediros que os quedéis Conmigo, porque me imagino que estaréis muy ansiosos de ir a vuestras casas. Pero si vosotros deseáis compartir Mi pan conmigo, y conocer a Mi madre, a Quien Juan ya ha conocido, entonces yo os digo: "Venid"'.

As they enter the village, there are women going to and fro between the fountain and their homes. Men standing on the threshold of their little workshops or working in their kitchen gardens wave to Jesus and Judas and they pass by and the children press round Jesus and chatter:

Los seis discípulos, que ya estaban tristes por la separación inminente, se animan de nuevo y aceptan la invitación de todo corazón.

'Vamos entonces'.

Descienden la loma de forma rápida y toman la carretera principal. El aire está todavía caliente, pero el día se ha convertido en noche y las sombras de la noche están cayendo sobre el campo, donde los cultivos están empezando a madurar.

Al entrar en el pueblo, hay mujeres que van de aquí para allá entre la fuente y sus hogares. Hombres de pie en el umbral de sus pequeños talleres o trabajando en sus huertas saludan a Jesús, Judas mientras ellos pasan y los niños presionan en torno a Jesús y charlan:

'¿Tú has regresado?',

'¿Te vas a quedar aquí, ahora? '

'La rueda de mi pequeña carretilla se rompió de nuevo'.

Sabes, Jesús. Tengo una nueva hermana bebé, y la han llamado María.

'El maestro me dijo que yo he aprendido todo y que soy un verdadero hijo de la Ley'.

'Sara no está aquí, porque su madre está muy enferma. Ella llora, porque tiene miedo',

'Mi hermano Isaac se casó. Tuvo una fiesta encantadora'.

Jesús escucha, acaricia, alaba, promete Su ayuda.

Y llegan a la casa de este modo. María ya está esperando en la puerta, como Ella ha sido informada por el muchacho pensativo.

'¡Hijo!'

'¡Madre!'

Y la Madre y el Hijo se abrazan. María, que es mucho más pequeña que Jesús, Se inclina con la cabeza sobre el pecho de Su Hijo, estrechado en sus brazos. Besa Su cabello rubio.

Y luego entran en la casa.

Los discípulos, incluyendo Judas, se quedan fuera, para darle a Jesús y María unos momentos de intimidad.

'¡Jesús! Mi Hijo! Tiembla la voz de María, como ahogada por los sollozos.

'¿Por qué, Madre, ¿por qué Estás tan enojada? '

'¡Oh! Hijo. Me dijeron que ... En el Templo, ese día, hubo algunos galileos y algunos nazarenos ... Volvieron ... y me dijeron ... ¡Oh! Hijo! '

'Pero puedes ver, Madre, que estoy bien. No he sufrido ningún daño. Dios fue glorificado en Su Casa'.

'Sí, lo sé, hijo de mi corazón. Sé que era como el estruendo de despertar a los durmientes. Y estoy feliz por la gloria dada a Dios ... Estoy feliz de que este pueblo Mío despierte a Dios ... No Te estoy reprochando ... no voy a ser un obstáculo para Ti... Yo entiendo y ... y Yo soy feliz, pero Te engendré a Ti, hijo! ... ' María sigue estrechada por los brazos de Jesús y Ella ha hablado sosteniendo Sus pequeñas manos abiertas apretadas contra el pecho de Su Hijo, Su cabeza se vuelve hacia Él, con los ojos brillantes de lágrimas listos para correr por Sus mejillas. Ahora Ella está en silencio, apoyando la cabeza sobre Su pecho y se ve como una Paloma gris, con Su vestido gris, protegidoa por dos fuertes alas blancas, porque Jesús está vestido con Su manto y túnica blanca.

'¡Madre! ¡Pobre madre! Querida Madre! ... Jesús La besa otra vez. Entonces Él dice: 'Bueno, ¿ves? Yo estoy aquí, pero no Soy el único. Tengo mis primeros discípulos Conmigo, y los otros están en Judea. También Mi primo Judas está Conmigo y Me sigue ...'

'¿Judas?'

'Sí, Judas. Yo sé por qué Tú te sorprendes. Entre los que Te dijeron lo que pasó, ciertamente estaba Alfeo con sus hijos, y no me equivoco si digo que a Mí Me han criticado. Pero no tengas miedo. Hoy en día es así, mañana será diferente. Un hombre ha de ser cultivado como la tierra, y donde hay espinas, también habrá rosas. Judas, de quien tanto sientes cariño, ya está Conmigo'.

'¿Dónde él está ahora? '

'Fuera con los otros. ¿Tienes suficiente pan para todos?'

'Sí, hijo. María de Alfeo se lo está sacando del horno ahora. María es muy buena Conmigo, sobre todo ahora'.

'Dios le dará a ella la gloria. 'Él va a la puerta y llama: '¡Judas! ¡Tu madre está aquí! Adelante, amigos Míos!'

Ellos entran y saludan a la Madre de Jesús. Judas La besa y luego sale corriendo a buscar a su madre.

Juan, quien ya se ha reunido con María, habla con Ella inmediatamente después de Judas, inclinándose ante Ella y recibiendo Su bendición.

Entonces, Jesús presenta a los otros cinco discípulos por su nombre: Pedro, Andrés, Santiago, Natanael, Felipe.

María les saluda y les pide que se sienten. Ella es la dueña y aunque adora Su Jesús con Su mirada - Su alma parece estar hablándole a Su Hijo a través de Sus ojos - Ella cuida de sus huéspedes. A Ella le gustaría traer un poco de agua para refrescarlos. Pero Pedro objeta: 'No, mujer. No puedo permitir eso'.

Por favor, siéntate cerca de Tu Hijo, Madre Santa. 'Voy a ir, todos vamos a ir a la huerta para refrescarnos'.

María de Alfeo se apresura, enrojecida y cubierta de harina y saluda a Jesús, que la bendice. Luego se dirige a los seis hombres en el jardín de la cocina, a la fuente, y vuelve feliz. '¡Oh! María! -Le dice a la Virgen. 'Judas me dijo. ¡Qué feliz soy! Para Judas y para Ti, mi querida cuñada. Yo sé que los otros me regañan. Pero eso no importa. Seré feliz el día que yo sepa que todos ellos son para Jesús. Somos madres y sabemos ... sentimos lo que es bueno para nuestros hijos. Y siento que Tú, Jesús, eres la riqueza de mis hijos'.

Jesús le acaricia la cabeza y le sonríe.

Los discípulos regresan y María de Alfeo les sirve pan, aceitunas y queso de olor dulce. Entonces ella trae una pequeña ánfora con vino tinto, que Jesús derrama para Sus amigos. Siempre es Jesús que ofrece y luego da las cosas. Al principio, los discípulos están un tanto avergonzados, entonces se vuelven más seguros de sí mismos y hablan de sus casas, del viaje a Jerusalén, de los milagros que Jesús ha obrado. Están llenos de entusiasmo y afecto y Pedro trata de formar una alianza con María, para que Jesús le lleve de una vez así no tiene que esperar en Betsaida.

'Haz lo que Él te diga' insta María, con una suave sonrisa. 'La espera será más útil para ti que una unión inmediata. Cualquier cosa que haga Mi Jesús está siempre bien hecho'.

La esperanza de Pedro desaparece pero se somete de buen talante, sólo preguntando,' ¿Será una larga espera?

Jesús le sonríe, pero no dice nada más.

María interpreta la sonrisa como un signo favorable
y Ella explica: 'Simón de Jonás, Él está sonriendo ...
Yo, por lo tanto digo: Tan rápido como el vuelo de una
golondrina en el lago será el momento de tu espera
obediente'.

'Gracias, Mujer'.

'¿No tienes nada que decir, Judas? Y tú, Juan? '

'Te estoy mirando a Ti, María'.

'Y yo'

'También estoy mirando a ti ... ¿y sabes? Esto me
recuerda a tiempos pasados. También entonces tenía tres
pares de ojos fijos en Mí con amor. ¿Te acuerdas, María,
Mis tres alumnos?'

'¡Oh! Lo que sí recuerdo! ¡Tienes toda la razón! E incluso
ahora, tres de casi la misma edad, están mirandote a Ti
con todo su amor. Y creo que Juan es como Jesús, como
Jesús lo fue entonces, así justo y de color de rosa, el
más joven de todos ellos. 'Los otros están ansiosos por
saber más ... y los recuerdos y las historias del pasado
se despiertan y se relacionan, a medida que oscurece
afuera.

'Amigos míos, no tienen cuartos. Pero el taller donde yo
trabajaba está allá. Si desean refugiarse allí ... Pero no
hay nada más que bancos en el mismo'.

'Una cama cómoda para los pescadores, acostumbrados
a dormir en tablas estrechas. Gracias, Maestro. Es un
honor y una bendición dormir bajo Tu techo'.

Ellos ofrecen las buenas noches y se retiran. Judas

también se va a casa con su madre dejando a Jesús y María en la sala, sentados sobre el cofre, a la luz de la pequeña lámpara de aceite, cada uno con un brazo por el hombro del otro, y Jesús le cuenta a María de su reciente viaje. Y María escucha feliz, ansiosa, dichosa.

Cura De Un Hombre Ciego En Cafarnaúm

Es una hermosa puesta de sol de verano; todo el cielo del oeste es iluminado por el resplandor de la puesta de sol y el lago de Genesaret (también conocido como lago de Tiberíades o lago de Galilea) se ve como un gran disco en llamas bajo un cielo en llamas.

Las calles en Cafarnaúm apenas están empezando a estar abarrotadas con mujeres que van a la fuente, los pescadores remendando las redes y los barcos yendo a pescar en la noche, los niños corriendo y jugando en las calles, pequeños burros que llevan cestos que se dirigen hacia el campo, probablemente para conseguir verduras.

Jesús sale de la casa de Pedro, a una puerta que se abre a un pequeño patio completamente a la sombra de una parra y una higuera. Una vía pedregosa que va desde más allá de la puerta, abajo y a lo largo del lago.

Pedro está en la orilla con Andrés, organizando las cestas de pescado y las redes en el barco, clasificando los asientos y los rollos de cuerda, preparándose para la pesca de la noche. Andrés, que está ayudando a Pedro, viene y va de la casa a la embarcación.

'¿Vais a tener un buen botín?' Jesús le pregunta a Sus discípulos:

'El tiempo es el adecuado. El agua está en calma, será claro de luna. Los peces vendrán a la superficie desde el fondo y mi red los arrastrará'.

'¿Vais solos?

'¡Oh! Maestro! Cómo podríamos manejarnos por nosotros mismos con este tipo de red'.

'Nunca he ido a pescar y espero ser enseñado por Ti. Jesús va muy lentamente hacia el lago y se detiene en el barco, en lo tosco, arenas y guijarros.

'Mira, el Maestro: esto es lo que hacemos. Salgo al lado del barco de Santiago de Zebedeo, y nos vamos por lo tanto hasta el punto derecho, los dos barcos juntos. Luego bajamos la red. Sostenemos un extremo. Dijiste que Tú querías sostenerla'.

'Sí, si Me dices lo que tengo que hacer'.

'¡Oh! Sólo hay que verla bajar. Se la debe bajar lentamente sin hacer nudos. Muy despacio, porque vamos a estar en una zona de pesca, y cualquier movimiento rápido puede asustar a los peces. Sin nudos, de lo contrario la red se cerraría, mientras que se debe abrir como una bolsa, o si Tú lo prefieres así, como un velo soplado por el viento. Luego, cuando la red esté totalmente abajo, vamos a remar con cuidado, o podemos zarpar, según las circunstancias, formando un semicírculo en el lago.

Y cuando entendemos por la vibración de la clavija de seguridad que el recorrido es bueno, nos dirigimos a la orilla. Cuando estamos casi en la orilla - no antes para no correr el riesgo de perder todos los peces; no después, para no dañar tanto el pescado y la red con las piedras – arrastraremos la red. En este punto hay que ser muy

cuidadoso, ya que los barcos deben estar tan cerca como
para permitir que uno recoja el otro extremo de la red,
pero no deben chocar, para evitar el aplastamiento de
la red llena de peces. Por favor, Maestro, ten cuidado,
es nuestro pan de cada día. Mantén un ojo en la red,
que las sacudidas pueden no darle la vuelta. Los peces
luchan por su libertad con fuertes golpes de la cola, y
si hay un montón de ellos ... Tú vas a entender ... Son
cosas pequeñas, pero si diez, cien, mil se reúnen, se
vuelven tan fuertes como Leviatán'.

'Lo mismo sucede con los pecados, Pedro. Después
de todo, una falta no es irrecuperable. Pero si uno no
tiene cuidado en el control de uno mismo, y se añade
culpa a la culpa, al final un poco de culpa, tal vez una
sola omisión, o una simple debilidad, se vuelve más
y más grande, se convierte en un hábito, se convierte
en un vicio capital. A veces uno comienza con una
mirada lasciva y termina por cometer adulterio. A
veces, mientras que simplemente carecen de la caridad
al hablar con un pariente, uno termina por violentar
al prójimo. Nunca, nunca permitas los fallos que
aumentan en gravedad y en números, ¡si tú deseas evitar
problemas! Se convierten en peligroso y arrogante como
el propio de la serpiente infernal, y van a arrastrarte
hacia el infierno'.

'Lo que Tú dices es correcto, Maestro ... ¡Pero somos tan
débiles! '

'Cuidado y oración son necesarias para llegar a ser
fuertes y obtener ayuda, junto con una fuerte voluntad
de no pecar. Y debéis tener plena confianza en la justicia
amorosa del Padre'.

'¿Crees que Él no va a ser demasiado severo con el pobre
Simón?

'Podría haber sido severo con el viejo Simón. Pero con Mi Pedro, con el hombre nuevo, el hombre de Su Cristo ... no, Pedro, Él no lo será. Él te ama y te amará'.

'¿Y qué hay de mí? '

'Tú también, Andrés; Juan, Santiago, Felipe y Natanael también. Vosotros sois los primeros elegidos por Mí'.

'¿Habrá más? Está Tu primo, y en Judea... '

'¡Oh! Habrá muchos más. Mi Reino está abierto a toda la humanidad y yo os digo que mi camino, en las noches de los siglos, será más abundante que el más rico ... Porque cada siglo es una noche en la que la luz pura de Orión, o de la luna será la guía y la luz de la humanidad, pero la palabra de Cristo y la Gracias que Él otorga; una noche que se convertirá en el amanecer de un día sin ocaso y de una luz en la que vivirán todos los fieles y será el amanecer de un sol que hará que todos los elegidos resplandezcan, hermosos, felices para siempre, incluso como dioses. Dioses menores, hijos de Dios Padre y como Yo ... No es posible que vosotros podáis entender ahora. Pero yo os digo que vuestra vida Cristiana hará que se asemeje a vuestro Maestro, y brillará en el Cielo con Sus signos. Así, a pesar de la malicia envidiosa de Satanás y la débil voluntad de los hombres, mi recorrido será más abundante que el vuestro'.

'¿Pero vamos a ser Tus únicos apóstoles?'

'¿Estás celoso, Pedro? No, ¡no lo estés! Otros vendrán y en Mi corazón habrá amor para todo el mundo. No seas codicioso, Pedro. Todavía no sabes Quien te ama. ¿Alguna vez has contado las estrellas? ¿O las piedras en el fondo del lago? No, no podrías. Y serías aún menos capaz de contar los latidos amorosos de los cuales Mi corazón es capaz. ¿Alguna vez ha sido capaz de contar las veces que este lago besa la orilla con las olas en el transcurso de doce lunas? No, nunca serías capaz de hacerlo. Y sería aún menos capaz de contar las olas de amor que Mi corazón derrama para besar a los hombres. Estate seguro de Mi amor, Pedro'.

Peter se conmovió profundamente y toma la mano de Jesús y la besa.

Andrés mira, pero no se atreve a tomar la mano de Jesús. Pero Jesús acaricia su cabello con la mano y dice: ' Te quiero mucho, demasiado. En la hora de tu amanecer, sin tener que levantar los ojos, verás a tu Jesús reflejado en la bóveda del cielo, y Él estará sonriendo para decirte: 'Te amo. Ven', y tu fallecimiento en la madrugada será más dulce que entrar en una cámara nupcial ...'

'¡Simón! Simón! Andrés! Aquí estoy ... estoy llegando ... 'grita Juan corriendo hacia ellos, jadeando. ' ¡Oh! Maestro! ¿Los he hecho esperar? 'Juan mira a Jesús con ojos de amante.

Pedro responde: 'Si te digo la verdad, yo estaba empezando a pensar que ya no ibas a venir. Ten tu barco listo rápidamente. ¿Y Santiago? ... '

'Bueno ... vamos con retraso debido a un ciego. Él pensó que Jesús estaba en nuestra casa y él fue allí. Le dijimos: 'No está aquí. Tal vez Él curará mañana. Sólo espera. 'Pero él no quería esperar. Santiago le dijo: 'Tú has estado esperando tanto tiempo para ver la luz, ¿qué importa si tienes que esperar otra noche? 'Pero él no quiere entrar en razón...'

'Juan, si fueras ciego, ¿no estarías ansioso por ver a tu madre? '

'¡Eh! ... ¡Sin duda!'

'¿Entonces? ¿Dónde está el ciego? '

'Él está viniendo con Santiago. Él se apoderó de su manto, y no lo dejará ir. Pero él está llegando muy lentamente porque la tierra está cubierta de piedras y se tropieza contra ellas ... Maestro, usted ¿me perdonas por ser duro?

'Sí, lo haré, pero para hacer las paces, ve a ayudar al ciego y tráelo a Mí'.

Juan huye. Pedro niega con la cabeza, pero no dice nada. Él mira al cielo que ahora está cambiando de un color cobre profundo a azul. Se ve en el lago y a los otros barcos que ya están pescando y suspira.

'¿Simón?

'¿Maestro?'

'No tengas miedo. Tú tendrás un buen botín, incluso si eres el último en salir'.

'¿También esta vez? '

'Cada vez que tú estás en caridad, Dios te concederá la gracia de la abundancia'.

'Aquí está el hombre ciego'.

El pobre ciego se acerca entre Santiago y Juan, llevando un bastón en la mano, pero por el momento, él no lo usa y camina mejor con el apoyo de los dos jóvenes.

'Aquí, el hombre, el Maestro está en frente de ti'.

El ciego se arrodilla: '¡Señor! Ten piedad de mí'.

'¿Quieres ver? Ponte de pie. ¿Cuánto tiempo has estado ciego?'

Los cuatro apóstoles se reúnen alrededor de los otros dos.

'Siete años, Señor. Antes, yo podía ver bien, y trabajaba. Yo era un herrero en Cesarea en el Mar. Me iba bien. El puerto, el buen comercio, ellos siempre me necesitaban para un trabajo u otro. Pero mientras trabajaba sobre un pedazo de hierro para hacer un anclaje y Tú puedes imaginar lo candente que estaba para hacerlo flexible - una astilla salió de él, y me quemó los ojos. Mis ojos ya estaban doloridos por el calor de la fragua. Perdí el ojo herido, y también del otro quedé ciego después de tres meses. He terminado todos mis ahorros, y ahora vivo de la caridad ...'

'¿Estás solo?

'Estoy casado y tengo tres hijos pequeños ... ; Ni siquiera he visto el rostro de uno de ellos ... y tengo una madre anciana. Y sin embargo, ella y mi esposa ganan un poco de pan, y con lo que ganan y las limosnas que se llevan a casa, nos las arreglamos para no morir de hambre. ¡Si yo estuviera curado! ... Me gustaría volver a trabajar. Todo lo que pido es ser capaz de trabajar como un buen israelita y alimentar así a los que amo'.

'¿Y tú viniste a Mí? ¿Quién te lo dijo?'

'Un leproso que fue curado por Ti, a los pies del Monte Tabor, cuando Tú volvías al lago después de ese hermoso discurso Tuyo'.

'¿Qué te dijo?'

'Que Tú puedes hacer todo. Que Tú eres la salud de los cuerpos y de las almas. Que Eres una luz para las almas y cuerpos, porque Tú eres la Luz de Dios. Él, aunque leproso, se había atrevido a mezclarse con la multitud, a riesgo de ser apedreado, todo envuelto en su manto, porque Te había visto pasar cerca en el camino a la montaña, y su rostro se había encendido con esperanza en su corazón. Él me dijo: "Vi algo en ese rostro que me dijo al oído: " Hay salud allí. ¡Ve! 'Y me fui. 'Luego él repitió Tu discurso a mí y me dijo que Tú lo habías curado, tocándolo con la mano, sin ningún tipo de disgusto. Él regresaba del sacerdote después de su purificación. Yo lo conocía. Yo había hecho algún trabajo para él cuando él tenía una tienda en Cesarea. Vine, preguntando por Ti en cada ciudad y pueblo. ¡Ahora Te he encontrado! ... ¡Ten piedad de mí!'

'Ven. La luz es demasiado brillante para alguien que sale de la oscuridad!'

'¿Vas a curarme, entonces?'

Jesús lo lleva a la casa de Pedro y bajo la tenue luz de la huerta, Él pone el ciego ante Él de tal manera que los ojos curados puedan verlo, como primera vista, el lago sigue brillando con luz. Como un niño muy dócil, el hombre obedece sin preguntas.

Jesús extiende Sus manos sobre la cabeza del hombre arrodillado y reza:

'¡Padre! ¡Tu luz a este hijo Tuyo!'

Él permanece en esta posición durante un momento. Entonces Se moja las puntas de los dedos con saliva y luego suavemente toca ligeramente los ojos abiertos, pero sin vida, con su mano derecha.

Un momento. Entonces el hombre parpadea, se frota los párpados como el despertar de un sueño.

'¿Qué ves?'

'¡Oh! ... ¡Oh! ... ¡Oh! ... ¡Eterno Dios! Creo ... creo que ... ¡oh! Eso lo puedo ver ... veo tu manto ... es roja, ¿no es así? Y una mano blanca ... y un cinturón de lana ... ¡oh! Buen Jesús ... Puedo ver mejor y mejor, más me acostumbraré a ver ... Hay hierba de la tierra ... y eso es sin duda un pozo ... y hay una vid ... '

'Levántate, Mi amigo'.

El hombre se pone de pie , llorando y riendo al mismo tiempo. Por un momento, él duda, desgarrado entre el respeto y el deseo y luego levanta la cara y mira a los ojos de Jesús. Jesús sonríe, lleno de amor misericordioso. ¡Qué hermoso debe ser recuperar la vista y ver esa cara como la primer cosa! Instintivamente, el hombre grita y se estira pero luego se controla a sí mismo. Pero Jesús abre Sus brazos y atrae hacia sí al hombre que es mucho más pequeño que Él. 'Vete a casa ahora, y se feliz y justo. 'Ve con Mi paz'.

'¡Maestro, Maestro! Señor! Jesús! Santo! Bendito! La luz ... Ya veo ... lo veo todo ... Está el lago azul, el cielo despejado, el sol poniente, y luego los cuernos de la luna creciente ... Pero es en Tus ojos que veo el azul más hermoso y claro, y en Ti veo la belleza de la más real del sol, y la luz de la luna casta bendita. Tú eres la estrella de los que sufren, la Luz de los ciegos, ¡los vivientes en la Misericordia activa!

'Yo soy la Luz de las almas. Se un hijo de la Luz'.

'Sí, Jesús, siempre. Cada vez que cierro los re - nacido ojos, voy a renovar mi juramento. Que Tú y el Altísimo sean bendecidos'.

'¡Bendito sea el Altísimo Padre! Ve!'

Y el hombre se va, feliz, seguro de sí mismo, mientras

que Jesús y los apóstoles tontamente se meten en dos barcos y maniobran lejos.

Jesús Reza Por La Noche

Es la oscuridad de la noche y la bóveda estrellada del cielo se refleja ligeramente en el brillo del lago de Galilea, que en sí mismo, aunque no es visible en la oscuridad, se adivina que está allí pacíficamente durmiendo bajo las estrellas debido al suave murmullo de sus aguas en la orilla de grava.

Sin hacer ruido, Jesús sale de la casa de Pedro en Cafarnaúm, donde ha pasado la noche para que Pedro sea feliz. Ajustando la puerta entreabierta, Jesús mira pensativamente hacia el cielo, el lago y la carretera y luego comienza a caminar hacia el pueblo, lejos del lago. Él pasa a través de parte de éste hacia el campo y a lo largo de un sendero que conduce a las primeras ondulaciones de un olivar, donde Él entra al verde, paz silenciosa y Se postra en oración. Fervientemente Él ora, arrodillándose y suspirando quizás debido a alguna pena moral, y luego, como fortificado, Él se levanta, de pie hacia arriba, con el rostro levantado hacia el Cielo, un rostro hecha más espiritual por el aumento de la luz de un amanecer claro de verano. Con Sus brazos totalmente extendidos, Él parece una cruz angelical viviente. Él ora ahora, sonriendo. Tan suave en su actitud, parece estar bendiciendo a todo el campo, el día va en aumento, las estrellas desaparecen y el lago ahora cada vez más visible

con la luz del amanecer.

'¡Maestro! ¡Te hemos estado buscando por todas partes! Vimos la puerta entreabierta, cuando volvimos con los peces, y pensamos que habías salido. Pero no podíamos encontrarte. Y por fin, un campesino, quien estaba cargando sus canastas para llevarlas a la ciudad, nos dijo. Llamábamos: '¡Jesús, Jesús!', Y él dijo: '¿Vosotros estáis buscando al rabino que le habla a las multitudes? Subió ese camino, hacia la montaña. Él debe estar en el olivar de Miqueas, porque Él va a menudo allí. Lo he visto antes. 'Estaba en lo cierto. ¿Por qué Tú has venido tan temprano, Maestro? ¿Por qué no descansas? ¿La cama no era cómoda? ... '

'No, Pedro. La cama era cómoda y la habitación era preciosa. Pero yo suelo hacer eso. Para elevar Mi espíritu y unirme al Padre. La oración es una fuerza para uno mismo y para los demás. Logramos todo rezando. Si no recibimos la gracia, que el Padre no siempre otorga - y no debemos pensar que se debe a la falta de amor, en cambio, debemos creer que se trata de la voluntad de una Orden que rige el destino de cada hombre para un buen propósito de oración sin duda nos da paz y alegría, para que podamos soportar tantas cosas desconcertantes, sin salirnos de la ruta santa. Es fácil, sabes, Pedro, ¡para tener una mente nublada y un corazón agitado a causa de lo que nos rodea! ¿Y cómo puede una mente nublada o un corazón agitado percibir a Dios? '

'Es cierto. ¡Pero no sabemos cómo orar! No somos capaces de decir las palabras bonitas que Tú dices'.

'Decid las palabras que conocéis, lo mejor que podáis. No son las palabras, sino los sentimientos con que estas expresiones tienen que hacen sus oraciones agradables al Padre'.

'Queremos orar como Tú lo haces'.

'Os voy a enseñar también a rezar. Os enseñaré la
oración más sagrada. Sin embargo, para evitar que sea
sólo una fórmula vacía en vuestros labios, quiero que
vuestros corazones tengan por lo menos un mínimo
de santidad, la luz y la sabiduría ... Es por eso que os
enseño. Más adelante, os voy a enseñar la santa oración.
¿Por qué fuisteis por Mí?, ¿hay algo que queréis de Mí?'

'No, Maestro. Pero hay muchos que quieren mucho de Ti.
Ya había gente que viene de Cafanaúm, y eran pobres,
enfermos, personas deprimidas, hombres de buena
voluntad y con ganas de ser enseñados. Cuando ellos
nos preguntaron acerca de Ti, dijimos: "El Maestro está
cansado y está durmiendo. 'Id y volved el Sabat'.

'No, Simón. No debes decir eso. No hay ni un solo día de
la misericordia. Yo soy el Amor, la Luz y la Salud todos
los días de la semana'.

'Pero ... hasta ahora Tú sólo has hablado en los Sabat',

'Porque no era conocido. Pero como ya Me he dado a
conocer, cada día habrá efusiones de Gracia y gracias.
En verdad os digo que llegará el momento cuando incluso
el momento en el tiempo que se concede a un gorrión
a descansar en una rama y comer algunos pequeños
granos que no serán garantizados al Hijo del hombre
para Su descanso y comidas'.

'¡Pero Tú serás llevado enfermo! No vamos a permitir eso.
Tu amabilidad no debe hacerte infeliz'.

¿Y qué crees que podría Hacerme feliz? ¡Oh! Si todo
el mundo vino a Mí para escucharme, a llorar por sus
pecados y la tristeza en Mi corazón, para curar sus
cuerpos y almas, y Yo estaba agotado hablando, y

perdonando y derramando Mi poder, Yo sería tan feliz, Pedro, que ni siquiera Me lamentaría el Cielo, donde estaba en el Padre! ¿Desde dónde eran ellos, los que venían a Mí?'

'A partir de Korazim, Betsaida, Cafarnaúm y hubo algunos incluso de Tiberíades y Gergesa, así como de los cientos de pueblos alrededor de esas ciudades'.

'Ve y diles que estaré en Korazim, Betsaida y pueblos cercanos'.

'¿Por qué no en Cafarnaúm?'

'Porque Yo he venido para todos, y todos deben tenerme a Mí, y luego ... está el viejo Isaac esperándome. No debemos defraudar sus esperanzas'.

'¿Tú vas a esperarnos aquí, entonces?'

'No, yo Me estoy yendo y vosotros se quedarán en Cafarnaúm para enviar las multitudes a Mí; regresaré más tarde'.

'Estaremos aquí solos...' Pedro está triste.

'No te pongas triste. La obediencia debe hacerte feliz, así como la convicción de que tú eres un discípulo útil. Y lo mismo se aplica para los otros'.

Pedro, Andrés, Santiago y Juan se animan. Jesús los bendice, y parte.

La Milagrosa Pesca

'Cuando todos los árboles florecen en primavera, el
granjero feliz dice: 'Voy a tener una buena cosecha',
y esa esperanza hace que su corazón se regocije .... '
Dice Jesús, hablando a la multitud' ... Pero desde la
primavera hasta el otoño, desde el mes de las flores
para el mes de la fruta, ¿cuántos días, vientos, lluvias,
sol y tormentas deben pasar, y a veces las guerras o la
crueldad de los poderosos y las enfermedades de las
plantas, y en ocasiones, las enfermedades de los hombres
de los campos, por lo que las plantas, ya no azadonadas,
ya no son regadas, podadas, ayudadas o limpiadas,
aunque prometieron fruto abundante, se marchitan y
mueren o no dan más fruto!

Vosotros Me seguís. Me amáis. Como las plantas en
primavera que se adornan a sí mismas con un propósito
y amor. Israel, de hecho, en los albores de Mi misión es
como nuestra dulce campo en el mes brillante de Nisán.
Pero escuchad. Al igual que el calor excesivo en tiempo
seco, Satanás, quien tiene envidia de Mí, vendrá a arderá
en vosotros con su ira. El mundo vendrá con sus vientos
helados para congelar sus floraciones. Y las pasiones
vendrán como tormentas. Y el tedio vendrá como una
lluvia persistente. Todos Mis enemigos y los vuestros
vendrán a esterilizar lo que debería ser el fruto de su

natural tendencia a florecer en Dios.

Os advierto, porque lo sé. Entonces todo se perderá, cuando Yo, como un campesino enfermo, incluso más que enfermo: muerto, ¿ya no seré capaz de hablar con vosotros y hacer milagros para vosotros? No. Sembraré y cultivaré, siempre y cuando tenga tiempo. Entonces todo crecerá y madurará para vosotros, si mantenéis una buena vigilancia.

Mira la higuera cerca de la casa de Simón de Jonás. Quién la plantó no encontró el lugar correcto y más favorable. Plantada ya cerca de la pared norte húmeda, habría marchitado, si por sí misma no había encontrado protección para sobrevivir. Y buscó sol y luz. Ahí está: toda doblada, pero fuerte y orgullosa, atrayendo a los rayos del sol desde el amanecer y convertidos en alimento para sus cientos y cientos de frutas dulces. Se defendió por sí misma. Dijo: 'El Creador me quiso, para que dé alegría y alimentos para el hombre. Y quiero unir mi voluntad a la Suya. ¡Una higuera! ¡Un árbol sin palabras! ¡Un árbol sin alma! Y vosotros, hijos de Dios , los hijos del hombre, ¿seréis inferiores a una planta de madera?

Mantened una Buena vigilancia para dar frutos de vida eterna. Os cultivaré, y al final os daré un jugo tan potente, que vosotros nunca encontraréis uno más potente. No permitáis que Satanás se ría de la destrucción de Mi trabajo, de Mi sacrificio y de vuestras almas. Buscad la luz. Buscad el sol. Buscad fuerzas. Buscad vida. Yo soy la Vida, la Fuerza, el Sol y la Luz de los que Me aman. He venido para llevaros hacia donde vengo. Me dirijo a vosotros aquí, para llamaros a todos y señalaros los diez mandamientos que dan vida eterna. Y con amoroso consejo os digo: "Amad a Dios y a vuestro prójimo'. Es la primera condición para cumplir con todo lo demás también. Es el más santo de los santos mandamientos. Amor. Los que aman a Dios, en Dios y por Dios el Señor, tendrán la paz tanto en la tierra como en el Cielo, pues su morada y su corona'.

La gente se marcha con dificultad después de la bendición de Jesús. No hay ni enfermos ni pobres.

Jesús le dice a Simón: 'Llama a los otros dos. Vayamos a otra parte del lago y echemos la red'.

'Maestro, me duelen los brazos con la fatiga: toda la noche eché y saqué la red, y todo en vano. Los peces están abajo. Me pregunto de dónde'.

'Haz lo que te digo, Pedro. Siempre hay que escuchar a los que te aman'.

'Haré lo que Tú dices, por respeto a Tu palabra. 'Y él le grita a los asistentes y también a Santiago y Juan: 'Vamos a pescar. El Maestro quiere ir'. Y en cuanto se pusieron en marcha, él le dice a Jesús: 'Sin embargo, Maestro, Te aseguro que no es el momento más adecuado. Sólo Dios sabe donde los peces se descansan ahora! ... '

Jesús, sentado en la proa, sonríe y está callado.

Ellos forman un semicírculo en el lago y luego echan la red. Después de unos minutos de espera, el barco es sacudido de una manera extraña, pero el lago es tan suave como un cristal bajo el sol del mediodía.

'¡Pero eso es pescado, Maestro!' dice Pedro, con los ojos bien abiertos. Jesús sonríe y permanece callado.

'¡Cielos! ¡Cielos! Pedro ordena a sus ayudantes. Pero el barco se ubica a un lado, donde está la red: 'Hey! James! Juan! ¡Rápido! Vengan rápido! Con los remos! ¡Rápido!'

Ellos corren y los esfuerzos conjuntos de las dos tripulaciones es exitosa en el acarreo en la red sin dañar la captura. Los dos barcos se acercan hasta que están unidos y uno, dos, ... cinco ... diez canastas llenas de maravilloso pescado, y todavía hay muchos retorciéndose en la red: plata y bronce viviente, luchando por escapar de la muerte. Sólo hay una cosa por hacer: vaciar la red en la parte inferior de los barcos.

Lo hacen, y los fondos se convierten en un torbellino de vida de agonía. Y la tripulación están a la altura de sus tobillos en tal abundancia que los barcos se hunden por debajo de la línea de flotación debido al peso excesivo.

'¡A la orilla! ¡Vamos! ¡Rápido! Las velas! Observad la línea de profundidad! Tened los postes listos para evitar un choque. ¡Tenemos mucho de peso!'

Mientras dura la maniobra, Pedro no piensa en otra cosa. Pero cuando llegan a tierra, empieza a darse cuenta. Él entiende. Él se asusta. '¡Maestro! Mi Señor! Aléjate de Mí! Soy un pecador! ¡Yo no soy digno de estar cerca de Ti! 'Él está de rodillas en la orilla húmeda'.

Jesús lo mira y sonríe: '¡Levántate! Sígueme! Yo no te dejaré nunca más! A partir de ahora, tú serás un pescador de hombres, y tus compañeros contigo. No tengas miedo de nada. Te estoy llamando. ¡Ven! '

'Una vez más, Señor. Cuidas de los barcos. Toma todo para Zebedeo y para mi cuñado. Vámonos. ¡Todos somos Tuyos, Jesús! Bendito sea el Padre Eterno por esta elección'.

Iscariote Encuentra A Jesús En Getsemaní Y Es Aceptado Como Discípulo

Es de noche, volviéndose oscura y la luz del día crece más y más débil en el grueso olivar donde, Jesús, solo, está sentado en una de las pequeñas terrazas de tierra, en Su postura familiar, con los codos apoyados en las rodillas, antebrazos hacia adelante y sus manos unidas. Se ha quitado el manto como si estuviera caliente, y Su túnica blanca se destaca contra el verde de los alrededores hace aún más oscuro por el crepúsculo.

Un hombre se acerca a través de los olivos y parece estar en busca de algo o alguien. Es alto, y su ropa florida: de un tono rosa amarilla que hace que su gran manto más extravagante, adornado como lo es con flecos. Su cara está algo oscurecida por la luz tenue y la distancia, y también porque el borde de su manto cae sobre una parte de su rostro. Cuando ve a Jesús, le hace un gesto como diciendo: '¡Allí está Él! 'Y apresura su paso. Cuando él está a pocos metros de distancia, Le saluda: « ¡Salve, Maestro! '

Jesús se vuelve de repente y mira hacia arriba, porque el hombre está de pie en la siguiente terraza, que está más arriba. Jesús lo mira, su expresión seria y triste. El hombre dice de nuevo: 'Te saludo a Ti, Maestro'. Yo soy Judas Iscariote. ¿No me reconoces? ¿No Te acuerdas? '

'Te recuerdo y te reconozco. Me hablaste aquí con Tomás, la última Pascua'.

¿Y Tú me dijiste: «Piensa en ello y decídete antes de que yo vuelva. «He tomado mi decisión. Vendré».

'¿Por qué vienes, Judas? Jesús está realmente triste.

'Porque ... La última vez que Te dije por qué. Porque sueño con el Reino de Israel y Te veo como un rey'.

'¿Es por eso que vienes?'

'Sí, lo es. Me pondré a mi mismo y todo lo que poseo: capacidad, conocidos, amigos, y la fatiga a Tu servicio y al servicio de Tu misión de reconstruir Israel. '

Los dos, ahora cerca, de pie frente a frente, mirándose el uno al otro; Jesús está serio y melancólico. Judas, exaltado por su sueño, está sonriendo, guapo, joven, enérgico y ambicioso.

'Yo no buscaba por ti, Judas. '

'Ya lo sé. Pero Te miré a Ti. Durante días y días he estado poniendo personas en las puertas para avisarme de Tu llegada. Pensé que ibas a venir con los seguidores y por lo tanto sería fácil darse cuenta. En su lugar ... Entendí que Tú has estado aquí, porque un grupo de peregrinos estaban bendiciéndote porque Tú habías curado a un hombre enfermo. Pero nadie podía decirme dónde estabas. Entonces me acordé de este lugar. Y he venido. Si no Te hubiera encontrado aquí, me hubiera resignado a no encontrarte más... '

"¿Crees que es una buena cosa para ti, el haberme encontrado?'

'Sí, porque yo estaba buscándote a Ti. Estaba esperando

por Ti, te quiero a Ti. '

'¿Por qué? ¿Por qué me buscas? '

'¡Pero ya Te he dicho, Maestro! ¿No entiendes? '

'Te entendí. Sí, lo hice. Pero quiero que también Me entiendas a mí antes de que me sigas. Ven. Vamos a caminar y hablar. Y empiezan a caminar, uno al lado del otro, arriba y abajo de los caminos que se entrecruzan en el olivar. 'Quieres seguirme por una razón humana, Judas. Pero tengo que disuadirte. No he venido para eso'.

'Pero, ¿Tú no eres el Rey designado de los Judíos? ¿Del que hablaron los profetas? Otros han llegado. Pero ellos no tenían demasiadas cosas y cayeron como hojas ya no soportadas por el viento. Pero Tú tienes a Dios Contigo, de hecho, Tú obras milagros. Donde está Dios, está garantizado el éxito de la misión'.

'Has dicho la verdad. Tengo a Dios Conmigo. Yo soy su Palabra. Estaba profetizado por los Profetas, prometidos a los Patriarcas, esperados por el pueblo. ¿Pero por qué, Israel, te has vuelto tan ciega y sorda que ya no es capaz de leer y ver, escuchar y entender la realidad de los hechos? Mi Reino no es de este mundo, Judas. Permítete estar convencido de ello. He llegado a Israel para traer Luz y Gloria. Pero no la luz y la gloria de la tierra. Yo he venido a llamar a los justos de Israel hacia el Reino. Debido a que es de Israel de que la planta de la vida eterna ha de venir, y con Israel que se va a formar, la planta , la savia de la que será la Sangre del Señor, la planta se extenderá por toda la tierra, hasta el fin de los tiempos. Mis primeros seguidores serán de Israel. Mis primeros confesores serán de Israel. Pero también Mis perseguidores serán de Israel. También Mis verdugos serán de Israel. Y también Mi traidor será de Israel... '

'No, Maestro. Eso nunca va a suceder. Si todo el mundo ha de traicionarte, me quedaré contigo y Te defenderé.'

'¿Tú, Judas? Y ¿en qué se basa tu certeza?

'Por mi honor como hombre. '

'Qué es más frágil que una tela de araña, Judas. Es Dios a Quién tenemos que pedir la fuerza para ser honesto y fiel. ¡Hombre! ... El hombre lleva a cabo las acciones humanas. Para llevar a cabo hazañas espirituales y para seguir al Mesías con la veracidad y la justicia para llevar a cabo un acto spiritual, es necesario matar al hombre y hacerle nacer de nuevo. ¿Eres capaz de tanto? '

'Sí, Maestro. Y en cualquier caso ... No todo el mundo en Israel te amará. Pero Israel no dará al Mesías a los verdugos y traidores. ¡Israel ha estado esperando durante siglos!'

'Yo les recibiré. Recordad a los Profetas ... Sus palabras ... y su final. Estoy destinado a decepcionar a muchos. Y tú eres uno de ellos. Judas, el que tenemos aquí delante de ti un pobre hombre pacífico leve, que desea permanecer pobre. Yo no he venido a Imponerme y hacer la guerra. Yo no voy a lidiar con los fuertes y poderosos por cualquier reino o ningún poder. Lidiaré sólo con Satanás por las almas y yo he venido a romper las cadenas de Satanás, con el fuego de Mi amor. He venido a enseñar la misericordia, el sacrificio, la humildad, la continencia. Os digo a vosotros y a todo el mundo: "No rueguen por la riqueza humana, trabajen para las monedas eternas. "Tú estás engañándote a ti mismo si crees que estoy para triunfar sobre Roma y las clases dominantes. Herodes y César pueden dormir tranquilamente, mientras me dirijo a las multitudes. Yo no he venido a arrebatar el cetro de nadie ... y Mi cetro eterno ya está listo, pero nadie, a menos uno amado como Yo, le gustaría mantenerlo. Ve, Judas, y reflexiona...'

'¿Por qué me rechazas, Maestro? '

'Yo no rechazo nadie, porque quién rechaza no ama. Pero, dime, Judas: ¿cómo describirías el gesto de un hombre que, a sabiendas de que está infectado por una enfermedad contagiosa, dice a otro hombre que se le acerca al tanto de la situación, a beber de su cáliz: "Cuidado con lo que estás haciendo" ¿Lo definirías como odio o como amor?'

'Yo diría que es amor, porque él no quiere que el hombre, sin darse cuenta del peligro, arruine su salud".

'Bueno, define también Mi gesto mismo. '

'¿Puedo arruinar mi salud yendo Contigo? No, nunca'.

'Tú puedes arruinar más que tu salud, porque, considera esto cuidadosamente, Judas, poco se debitará de lo que es un asesino, pero crees que está haciendo justicia, y él lo cree que porque no conoce la Verdad, pero un gran acuerdo será debitado a él, que conociendo la verdad, no sólo no la sigue, sino que se convierte en su enemigo'.

'Yo no voy a hacer eso. Llévame, Maestro. Tú no me puedes rechazar. Si Tú eres el Salvador y ves que soy un pecador, un cordero extraviado, un ciego del camino correcto, ¿por qué Te niegas a salvarme? Llévame. Te seguiré hasta la muerte... "

'¡Hasta la muerte! Eso es cierto. Entonces... '

'¿Entonces, señor? "

'El futuro está en el seno de Dios. Ve. Nos reuniremos mañana en la puerta del Pescado'.

'Gracias, Maestro. El Señor esté Contigo'.

'Y que Su misericordia te salve'.

Jesús Con Judas Iscariote Encuentra A Simón Zealote Y Juan

'¿Tú estás seguro de que él vendrá?' Pregunta Judas Iscariote mientras camina arriba y abajo con Jesús cerca de una de las puertas en el recinto del Templo.

'Estoy seguro. Él se iba a Betania al amanecer y en Getsemaní se encontraría con Mi primer discípulo...'

'Hay una pausa. Entonces Jesús se detiene frente a Judas y lo mira fijamente, estudiándolo de cerca. Luego coloca una mano sobre el hombro de Judas y le pregunta: '¿Por qué Judas, no Me dices lo que piensas?'

'¿Qué pensamientos? No tengo ningún pensamiento especial, Maestro, en este momento. Te he preguntado incluso demasiadas preguntas. Por cierto, no Te puedes quejar de mi mutismo'.

'Me preguntas muchas preguntas y tú me das muchos detalles sobre la ciudad y sus habitantes. Pero no te descargues en Mí.. ¿Crees que es importante para Mí, lo que me dices acerca de la riqueza de las personas y de los miembros de tal o cual familia? Yo no soy un holgazán que ha venido aquí a pasar el tiempo. Sabes por qué he venido. Y que bien puede darse cuenta de que yo estoy interesado en ser el Maestro de mis discípulos, como la cosa más importante. Por lo tanto, quiero sinceridad y la confianza de ellos. ¿Tu padre fue afectuoso contigo, Judas? '

'Él fue muy afectuoso conmigo. Estaba orgulloso de mí. Cuando volvía a casa después de la escuela, e incluso después, cuando volví a Kerioth de Jerusalén, él quería que yo le cuento todo. Él se interesaba por todo lo que hacía y él se regocijaba si eran cosas buenas, él me consolaba si no eran tan buenas, aunque a veces, sabes, todos cometemos errores - si yo había cometido un error y había sido culpado por ello, él me enseñaba la imparcialidad de enfrentar lo que había recibido, o la injusticia de mi acción. Pero lo hizo con tanta suavidad ... parecía un hermano mayor. Él siempre terminaba diciendo: 'Lo digo porque quiero que mi Judas sea justo. Quiero ser bendecido a través de mi hijo. 'Mi padre ...'

Jesús, Quién ha observado cuidadosamente cuán conmovido Judas está recordando los recuerdos de su padre, dice: ' Ahora, Judas, estate seguro de lo que voy a decirte. Nada hará a tu padre muy feliz, que ser Mi discípulo fiel. Tu padre, quien te crió como tú dijiste, debe haber sido un hombre justo y su alma se regocijará, que está esperando la luz, viendo que tú eres Mi discípulo. Pero para ser tal, debes decirte a tí mismo: "He encontrado a mi padre perdido, el padre, que era como un hermano mayor para mí, lo he encontrado en mi Jesús, y Le contaré todo, como antes le contaba a mi amado padre, sobre cuya muerte todavía estoy de luto, para que pueda recibir orientación de Él, bendiciones o una especie reproche 'Quiera Dios, y sobre todo, pueda que me comporte de manera que Jesús siempre te dirá: 'Tú eres bueno. Yo te bendigo'.

¡Oh! ¡Sí, Jesús! Si me amas mucho, me esforzaré por ser bueno, como quieres y mi padre quería que yo fuera. Y mi madre ya no tendrá dolor en su corazón. Ella solía decir: 'Tú no tienes guía, mi hijo, y todavía necesitas una tanto. 'Cuando ella sepa que te tengo a Tí'.

'Te amaré como ningún otro hombre posiblemente podría amarte, voy a amarte tanto, yo Te amo. No Me defraudes'.

'No, Maestro, no lo haré. Yo estaba lleno de conflictos. La envidia, los celos, el afán de superación, la sensualidad, todo se enfrentaron en mí contra la voz de mi conciencia. Incluso hace poco, ¿ves? Tú me hiciste sufrir. Es decir: no, no Tú. Era mi naturaleza malvada ... Pensé que era Tu primer discípulo ... y, ahora sólo me has dicho que Tú ya tienes uno. '

'Lo viste por ti mismo. ¿No recuerdas que en la Pascua estaba en el Templo con muchos Galileos?'

'Pensé que eran amigos ... Pensé que era el primero en ser elegido para tal destino, y que, por tanto, yo era el más querido'.

'No hay distinciones en Mi corazón entre el primero y el último. Si el primero de ellos debe errar y el último fuera un hombre santo, entonces no habría una distinción ante los ojos de Dios. Pero voy a amar de la misma manera: Voy a amar al hombrede una vida santa con un amor dichoso, y al pecador con un amor sufriente. Pero aquí está Juan viniendo con Simón. Juan, Mi primer discípulo, Simón, aquel de quién te hablé hace dos días. Tú ya has visto a Simón y a Juan. Uno de ellos estaba enfermo...'

¡Ah! El leproso! Recuerdo. ¿Es él ya Tu discípulo? '

'Desde el día siguiente'.

'¿Y por qué tuve que esperar tanto tiempo?'

'¡Judas!'

'Tienes razón. Perdóname'.

Juan ve al Maestro, Le señala a Él a Simón y se apresuran.

Juan y el Maestro se besan. Simón, en cambio, se echa a los pies de Jesús y los besa, exclamando: ' ¡Gloria a mi Salvador! Bendice a Tu siervo que sus acciones puedan ser santas ante los ojos de Dios y que pueda glorificarlo a Él y Bendecirlo por darme a Tí'.

Jesús coloca Su mano sobre la cabeza de Simón: ' Sí, Yo te bendigo para agradecerte por tu trabajo. Levántate, Simón. Este es Juan, y este es Simón: aquí está Mi último discípulo. Él también quiere seguir a la Verdad. Por lo tanto, es un hermano para todos vosotros'.

Se saludan entre sí: los dos habitantes de Judea inquisitivamente, Juan sinceramente.

'¿Estás cansado, Simón? 'Le pregunta Jesús.

'No, Maestro. Con mi salud he recuperado una vitalidad nunca me había pasado'.

'Y yo sé que tú haces buen uso de ella. He hablado con mucha gente y todos Me dijeron que ya los has instruido acerca del Mesías'.

Simón sonríe felizmente. 'También anoche hablé de Ti a alguien que es un Israelita sincero. Espero que Tú lo conozcas algún día. Me gustaría Llevarte con él'.

'Eso es muy posible'.

Judas se une a la conversación: 'Maestro, Tú prometiste venir conmigo, a Judea'.

'Y lo haré. Simón continuará enseñando a la gente de

Mi venida. El tiempo es corto, Mis queridos amigos, y la gente es mucha. Ahora voy a ir con Simón. Vosotros vendréis y Me encontraréis esta tarde en el camino hacia el Monte de los Olivos y daremos dinero a los pobres. Id ahora'.

Cuando Jesús está a solas con Simón, Él le pregunta: '¿Es esa persona en Betania un verdadero Israelita? '

'Él es un verdadero Israelita. Sus ideas son las que prevalecen, pero él está realmente anhelando por el Mesías. Y cuando le dije: 'Ahora Él está entre nosotros', respondió de inmediato: 'Me siento bendecido por estar viviendo este momento'.

'Iremos a él un día y llevaremos nuestra bendición a su casa. ¿Has visto al nuevo discípulo?'

'Si, es joven y parece inteligente'.

'Sí, lo es. Dado que tú eres de Judea, tú te llevarás más con él que los otros, debido a sus ideas. '

'¿Es un deseo o una orden?'.

'Una especie de orden. Tú has sufrido y puedes ser más indulgente. El dolor enseña muchas cosas'.

'Si Tú me das una orden, voy a ser totalmente indulgente con él'.

'Sí. Sea por lo que sea. Tal vez Pedro, y él no sea el único, será algo molesto ver cómo Me cuido y Me preocupo acerca de este discípulo. Pero un día, ellos comprenderán ... Cuanto más deformado es, más ayuda necesita.

'Los otros ... ¡oh! Los otros se forman correctamente, también por sí mismos, por simple contacto. Yo no quiero hacer todo por Mí mismo. Quiero la voluntad del hombre y la ayuda de otras personas para formar un hombre. Te pido que Me ayudes ... y estoy agradecido por la ayuda'.

'Maestro, ¿Crees que él Te defraudará?'

'No. Pero él es joven y se crió en Jerusalén'.

'¡Oh! cerca de Ti él modificará todos los vicios de esa ciudad ... estoy seguro. Yo ya estaba viejo y endurecido por el odio amargo, y sin embargo, he cambiado por completo después de Verte...'

Jesús susurra: '¡Qué así sea! 'Luego, en voz alta: 'Vamos al Templo. Voy a evangelizar a las personas'.

FIN

Si te ha gustado este libro, por favor escribe un comentario. ¡Gracias!

Extractos de las Secuelas

Por El Amor Que Persevera

Es el momento de decir adiós y Jesús y sus discípulos están de pie en la puerta de una pobre choza, con Jonás y otros campesinos pobres, iluminados por una luz tan débil, que parece estar parpadeando.

'¿No voy a no Verte más, mi Señor? 'Pregunta Jonás.
-Has traído luz a nuestros corazones. Tu bondad ha convertido estos días en una fiesta que durará toda la vida. Pero Tú has visto cómo se nos trata. Una mula tiene un mejor cuidado que nosotros. Y los árboles reciben más atención humana; son dinero. Somos sólo piedras de molino que ganan dinero y que estamos acostumbrados hasta morir de fatiga excesiva. Pero Tus palabras han sido tantas caricias amorosas. Nuestro pan parecía más abundante y sabía mejor porque Tú lo compartiste con nosotros; este pan que ni siquiera se lo dan a sus perros. Vuelve a compartirlo con nosotros, mi Señor. Sólo porque eres Tú, me atrevo a decir eso. Sería un insulto ofrecer cualquier otra vivienda y alimentos que incluso un mendigo odiaría. Pero Tú ... '

'Pero encuentro en ellos un perfume celestial y sabor porque en ellos hay fe y amor. Volveré, Jonás. Voy a volver. Tú permanece en tu lugar, atado como un animal a los ejes. Que tu lugar sea la escalera de Jacobo. Y, de hecho, ángeles van y vienen desde el Cielo hasta ti, reuniendo cuidadosamente todos tus méritos y se los llevan a Dios. Pero yo vendré a ti. Para aliviar tu espíritu. Se fiel a Mí, todos vosotros. ¡Oh! Me gustaría daros también la paz humana. Pero no puedo. Debo deciros: seguid sufriendo. Y eso es muy triste para Alguien Quién amas ... '

'Señor, si Tú nos amas, ya no sufriremos. Antes no teníamos a nadie que nos ame ... ¡Oh! Si pudiera, al menos, ¡ver a Tu Madre! '

No te preocupes. Voy a ponerla a tu alcance. Cuando el clima sea más suave, voy a ir con Ella. No te arriesgues a incurrir en castigos crueles a cuenta de tu ansiedad de verla. Debes esperar por Ella asi como esperas la salida de una estrella, de la estrella de la tarde. Ella aparecerá para ti, de repente, tal y como la estrella de la tarde, que no está allí un momento, y un momento después brilla en el cielo. Y tú debes tener en cuenta que, incluso ahora Ella está prodigando Sus dones de amor en ti. Adiós a todos. Que Mi paz os proteja de la dureza de aquel que os atormenta. Adiós, Jonás. No llores. Han esperado durante tantos años con la fe del paciente. Yo os prometo una muy corta espera. No llores; No te voy a dejar solo. Tu bondad limpió Mis lágrimas cuando yo era un Bebé Recién Nacido. ¿La Mía no es suficiente para acabar con la tuya? '

Sí ... pero Te vas ... y yo tengo que permanecer aquí ... '

'Jonás, Mi amigo, no hagas que me vaya deprimido porque no te puedo consolar ... '

'No estoy llorando, mi Señor ... Pero ¿cómo voy a ser capaz de vivir sin verte a Ti, ahora que sé que Tú estás vivo? '

Jesús acaricia al anciano triste una vez más y luego se va. Pero de pie en el borde de la era desgraciada, Jesús extiende Sus brazos y bendice al campo. Entonces Él se aleja.

'¿Qué has hecho, Señor? 'pregunta Simón, que ha notado el gesto inusual..

'Puse un sello en todo. Que ningún demonio pueda dañar las cosas y por lo tanto causar problemas a las personas miserables. No podía hacer más ... "

'Maestro, caminemos un poco más rápido. Me gustaría decirte algo que yo no quiero que los demás escuchen. 'Se mueven más lejos del grupo y Simón comienza a hablar: "Yo quería decirte que Lázaro tiene instrucciones para usar mi dinero para ayudar a todos aquellos que se aplican a él en el nombre de Jesús. ¿No podríamos liberar a Jonás? Ese hombre está desgastado y su única alegría es estar Contigo. Démosle eso. ¿Qué es lo que vale el trabajo aquí? Si en lugar de eso estuviera libre, él sería Tu discípulo en esta hermosa llanura desolada. Las personas más ricas de Israel poseen fincas fértiles aquí y los explotan con extorsión cruel, exigiendo un beneficio de sus trabajadores. Lo he sabido durante años. Tú no serás capaz de quedarte aquí mucho tiempo, debido a que la secta de fariseos gobierna el país y no creo que alguna vez sean amables Contigo. Estos trabajadores oprimidos y sin esperanza son las personas más infelices en Israel. Tú lo has oído, ni siquiera en la Pascua tienen paz, ni tampoco pueden orar, mientras sus amos severos, con gestos solemnes y exposiciones afectadas, ocupan posiciones destacadas en frente de todo el pueblo. Por lo menos van a tener la alegría de saber que Tú existes y de escuchar Tus palabras repetidas a ellos por alguien que no va a alterar ni una sola letra. Si Tú aceptas Maestro, por favor dilo, y Lázaro hará lo que sea necesario'.

Simón, yo sabía por qué diste todos tus bienes. Los pensamientos de los hombres son conocidos para Mí. Y yo te amé también a causa de eso. Al hacer feliz a Jonás, haces feliz a Jesús. ¡Oh! ¡Cómo Me atormenta para ver buenas personas sufrir! Mi situación de un pobre hombre despreciado por el mundo Me afecta sólo a causa de eso. Si Judas Me oyó, él diría: "Pero, ¿no Eres la Palabra de Dios? Da la orden y estas piedras se convertirán en oro y pan para la gente pobre. "Repetiría la trampa de Satanás. Estoy ansioso por satisfacer el hambre de la gente. Pero no de la manera en la que a Judas le gustaría. Tú todavía no eres lo suficientemente maduro como para entender la profundidad de lo que quiero decir. Pero Te diré: si Dios vio que todo lo que Él le quitaría Sus amigos. Él les privaría de la oportunidad de ser misericordiosos y cumplir el mandamiento del amor. Mis amigos deben poseer esta marca de Dios en común con Él: la santa misericordia que consiste en obras y palabras. Y la infelicidad de otras personas da Mis amigos la oportunidad de practicarlo.

¿Habéis entendido lo que quiero decir?

'Tu pensamiento es profundo. Voy a reflexionar sobre Tus palabras. Y me humillo mientras veo qué mente obtusa soy y cuán grande es Dios que nos quiere dotados con todos sus atributos más dulces para que Él nos pueda llamar Sus hijos. Dios se revela a mí en Sus múltiples perfecciones por cada rayo de luz con la que Tú iluminas mi corazón. Día a día, al igual que uno avanza en un lugar desconocido, el conocimiento de la inmensa cosa que es la Perfección que nos quiere llamar a Sus "hijos" progresa en mí y me parece trepar como un águila o sumergirme como un pez en dos interminables profundidades como el cielo y el mar, y subo más y más alto y me sumerjo cada vez más profundamente, pero nunca toco el final. Pero lo que es, por lo tanto, ¿Dios? '

'Dios es la Perfección inalcanzable, Dios es la Belleza perfecta, Dios es el Poder infinito, Dios es la Esencia incomprensible, Dios es el Bounty insuperable, Dios es la indestructible Misericordia, Dios es la Sabiduría inconmensurable, Dios es el Amor que se convirtió en Dios. ¡Él es el amor! Él es el amor! Tú dices que cuanto más conoces a Dios en Su perfección, más alto pareces subir y más profundo bucear en dos interminables profundidades de color azul sin sombras... Pero cuando tú entiendas lo que es el Amor que se convirtió en Dios, ya no subirás o te sumergirás en el azul, sinó en un vórtice ardiente y será atraído hacia una bienaventuranza que será la muerte y la vida para ti. Poseerás a Dios, con una posesión perfecta, cuando, por tu voluntad, tengas éxito en la comprensión y merecimiento de Él. Luego, serás ajustado en Su perfección'. Oh Señor ...' exhala Simón, abrumado.

Caminan en silencio hasta que llegan a la carretera, donde Jesús se detiene para esperar a los demás.

Cuando se reagrupan de nuevo, Levi se arrodilla: 'Me marcho, Maestro. Pero tu siervo te pide un favor. Llévame a Tu madre. Este hombre es un huérfano como yo. No me niegues lo que Tú le diste, para que pueda ver el rostro de una madre ...'

'Ven. Lo que es pedido en nombre de Mi Madre, lo garantizo en nombre de Mi Madre'.

El sol, aunque a punto de ponerse, arde descendido a la cúpula verde-gris de los gruesos olivos cargados de fruta pequeña de buena forma pero sólo penetra en la maraña de ramas suficientes para proporcionar un par de ojales pequeños de luz, mientras que la carretera principal, por otro lado, incrustado entre dos bancos, es una cinta deslumbrante ardiente polvorienta.

Solo y caminando rápido entre los olivos, Jesús se sonríe a Sí mismo ... Él sonríe aún más feliz cuando él llega a un acantilado.... Nazaret ....su panorama parpadeo en el calor del sol ardiente ... y Jesús comienza a descender y acelera Su paso.

Ahora en la carretera desierta en silencio, Él ha protegido Su cabeza con Su manto y ya no se preocupa por el sol, camina tan rápido que el manto está soplando en sus lados y detrás de Él que parece estar volando.

De vez en cuando , la voz de un niño o de una mujer desde el interior de una casa o un jardín de cocina llega a Jesús donde Él está caminando en lugares a la sombra proporcionada por los árboles del jardín cuyas ramas se extienden en la carretera. Él dobla en una carretera sombreada donde hay mujeres que están reunidas en torno a un pozo fresco y todas Le saludan, dándole la bienvenida con voces estridentes.

'Paz a todas vosotras... Pero por favor, silencio. Quiero darle a Mi Madre una sorpresa'.

'Su cuñada sólo se ha ido con una jarra de agua fría. Pero ella va a regresar. Ellas se quedan sin agua. La primavera es seca o el agua es absorbida por la tierra seca antes de llegar a su jardín. No lo sabemos. Eso es lo que decía María de Alfeo. Ahí está ella ... ella se acerca'.

'Sin haber visto a Jesús todavía, la madre de Judas y Santiago , con un ánfora en la cabeza y otro en la mano, está gritando; ' Voy a ser más rápido de esta manera. María está muy triste, porque Sus flores están muriendo de sed. Ellas fueron plantadas por José y Jesús y se le rompe el corazón verlas secarse.

'Pero ahora que Ella Me ve ...' dice Jesús que aparece detrás del grupo de mujeres.

'¡Oh! ¡Jesús mío! ¡Bendito eres! Iré a decirle ...'

'No. Yo iré. Dame las ánforas'.

'La puerta está medio cerrada. María está en el jardín. ¡Oh! Lo feliz que será! Ella estaba hablando de Ti también esta mañana. Pero ¿por qué vienes con este calor? ¡Estás todo transpirado! ¿Tú estás solo?

'No. Con amigos. Pero vine delante de ellos para ver a Mi Madre en primer lugar. ¿Y Judas?'

'Él está en Cafarnaúm. Él va a menudo allí', dice María. Y ella sonríe mientras se seca la cara mojada de Jesús con su velo.

Los cántaros ahora listos, Jesús toma dos, poniendo uno en cada extremo de su cinturón que Él lanza a través de Su hombro y luego lleva a un tercero en la mano. Luego se aleja, da la vuelta de una esquina, llega a la casa, empuja la puerta , entra en la pequeña habitación que parece oscura en comparación con la luz del sol al aire libre. Poco a poco, Él levanta la cortina de la puerta del jardín y observa.

María está de pie cerca de un rosal, de espaldas a la casa, compadeciéndose de la planta seca. Jesús pone la jarra en el suelo y el cobre tintinea en la piedra. '¿Estás ya aquí, María?', dice su madre sin volverse.

'Vamos, vamos, ¡mira esta rosa! Y estos lirios pobres. Todos ellos morirán si no les ayudamos. Trae también algunos pequeños bastones para sostener este tallo que cae'.

'Yo Te traerá todo, Madre'.

María florece todo el año y por un momento, se queda con los ojos muy abiertos y luego con un grito Ella corre con los brazos extendidos hacia Su Hijo, que ya ha abierto Sus brazos y esperaba con la sonrisa más cariñosa.

'¡Oh! ¡Mi Hijo!'

¡Madre! ¡Querida! '

Su abrazo es uno largo y amoroso y María es tan feliz que Ella no siente lo caliente que está Jesús. Pero entonces Ella se da cuenta de ello: '¿Por qué, Hijo, qué has venido a esta hora del día? Tú estás rojo púrpura y sudando como una esponja empapada. Entra. Que yo pueda secarte y refrescarte. Yo Te traerá una túnica limpia y sandalias limpias. ¡Mi Hijo! Mi Hijo! ¿Por qué seguir con este calor? Las plantas se están muriendo a causa del calor y Tú, Mi Flor, casi también.

'Quería venir a Ti tan pronto posible, Madre.

'¡Oh! ¡Mi querido! ¿Tienes sed? Debe tenerla. Ahora voy a preparar ... '

'Sí, tengo sed de tus besos, Madre. Y Tus caricias. Deja que Me quede así, con Mi cabeza en tu hombro, como cuando era un niño ... ¡Oh! ¡Madre! ¡Cómo Te extraño! '

'Dime que vaya, Hijo, y lo haré. ¿Qué Te falta por causa de Mi ausencia? La comida que te gusta? Ropa limpia? Una cama bien hecha? ¡Oh! Mi Alegría, dime lo que Te faltó. Tu sierva, mi Señor, se esforzará para proporcionártelo.

'Nada, sino Tú...'

'Cogidos de la mano, Madre e Hijo entran en la casa. Jesús se sienta en el pecho cerca de la pared, abraza a María que está en frente de Él, apoyando la cabeza sobre su corazón y La besar una y otra vez. Ahora Él la mira fijamente: 'Deja que mire al contenido de Mi corazón, santa Madre Mía'.

'Tu túnica primero. No es bueno que Te quedes tan húmedo. Ven. Jesús obedece. Cuando Él vuelve de nuevo vestido con una túnica con aspecto fresco, reanudan su dulce conversación.

"He venido con Mis discípulos y amigos pero los dejé en madera de Milca. Vendrán mañana al amanecer. Yo ... yo no podía esperar más. ¡Mi Madre! ... "Y Él le besa las manos. 'María de Alfeo se ha ido para dejarnos en paz. Ella también entiende lo ansioso que estaba por estar Contigo. Mañana ... mañana Tú asistirás a Mis amigos y Yo a los Nazarenos. Pero esta noche eres Mi amiga y Yo soy tuyo. Le traje ... ¡Oh! Madre: Me encontré con los pastores de Belén. Y traje a dos de ellos: son huérfanos y Tú eres la madre de todos los hombres. Y más aún de los huérfanos. Y traje también uno que Tú tienes que controlar. Y otro que es un hombre justo y ha sufrido mucho. Y luego Juan ... Y Te traje los recuerdos de Elias, Isaac, Tobías, ahora llamado Mateo, Juan y Simeón. Jonás es el más infeliz de todos ellos. Te llevaré con Él ... se lo prometí. Voy a seguir buscando a los otros. Samuel y José están descansando en la paz de Dios.

¿Estabas Tú en Belén?

'Sí, Madre. Llevé allí a los discípulos que estaban Conmigo. Y Te traje estas pequeñas flores, que crecían cerca de las piedras del umbral'.

'¡Oh! 'María toma los tallos y los besa. ¿Y qué pasó con Ana?

'Ella murió en la masacre de Herodes. '

'¡Oh! ¡Pobre mujer! Ella estaba tan encariñada Contigo!'

'Los habitantes de Belén sufrieron mucho. Pero no han sido justos con los pastores. Porque ellos sufrieron mucho...'

'¡Pero ellos fueron buenos Contigo entonces!

'Sí. Y es por eso que son dignos de lástima. Satanás está celoso de su amabilidad pasada y les insta a cosas malas. Yo también estuve en Hebrón. Los pastores, perseguidos ... '

'¡Oh! ¿A esa extensión?'

'Sí, fueron ayudados por Zacarías, que les consiguió a ellos empleos y alimentos, incluso si sus amos eran gente dura. Pero son sólo almas y volvieron sus persecuciones y heridas en méritos de la verdadera santidad. Yo los reuní. Curé a Isaac ... y le di Mi nombre a un niño pequeño... En Juta, donde Isaac fue languideciendo y donde volvió a la vida de nuevo, ahora hay un grupo de inocentes, llamados María, José y Jesai... '

'¡Oh! ¡Tu nombre! '

'Y el Tuyo y el nombre del Justo. Y en Queriot, la patria de un discípulo, un fiel israelita muerto descansando en Mi corazón. Con alegría, habiéndome encontrado ... y entonces ... ¡Ah! la cantidad de cosas que tengo que contarte a Ti, Mi Amiga perfecto, dulce Madre! Pero antes que nada, te ruego, te pido que tengas tanta misericordia de aquellos que vendrán mañana. Escucha: ellos Me aman ... pero no son perfectos. Tú, Maestra de la virtud

... ¡oh! Madre, ayúdame para que sean buenos ... Me gustaría salvarlos a todos ... Jesús ha caído a los pies de María. Ella aparece ahora Su majestad Maternal.

¡Mi Hijo! ¿Qué quieres que Tu probe Madre haga major que Tú? '

'Santificarlos ... Tu virtud santifica. Los he traído aquí deliberadamente, Madre ... un día voy a decirte: " Ven ", porque entonces será urgente santificar las almas, para que pueda encontrarlos dispuestos a ser redimidos. Y no voy a ser capaz por Mí mismo ... Tu silencio será tan elocuente como Mis palabras. Tu pureza ayudará a Mi poder. Tu presencia alejará a Satanás ... y Tu Hijo, Madre, se sentirá más fuerte sabiendo que estás cerca de Él. ¿Vendrás, no?, Mi dulce Madre? '

'¡Jesús! ¡Querido hijo! Tengo la sensación de que Tú no estás satisfecho ... ¿Cuál es el asunto, Criatura de Mi corazón? ¿el mundo fue hostil Contigo? No? Es un alivio creerlo ... pero ... ¡Oh! Sí. Iré. Dondequiera que Tú desees, siempre y cuando Tú quieras. Incluso ahora, en este sol abrasador o de noche, en un clima frío o húmedo. ¿Me quieres? Aquí estoy. '

'No. No ahora. Pero un día ... Qué dulce es nuestro hogar. ¡Y Tus caricias! Déjame dormir así, con Mi cabeza sobre Tus rodillas. ¡Estoy tan cansado! Todavía soy Tu pequeño Hijo ... ' Y Jesús realmente se queda dormido, cansado y agotado, sentado en la estera, con la cabeza en el regazo de Su Madre, que felizmente acaricia Su cabello.